# 弘一大師自述

李叔同 著

华龄出版社
HUALING PRESS

有 态 度 的 阅 读

小马过河（天津）文化传播有限公司

# 目录

## 华枝

## 春　满



## 天　心



## 月　圆

# 附　录

# 1

# 华枝

## 初到世间的慨叹

在清朝光绪年间，天津河东有一个地藏庵，庵前有一户人家。这是一座四进四出的进士宅邸，它的主人是一位官商，名字叫李世珍。曾是同治年间的进士，官任吏部主事，也因乎此使李家在当地的声名更加显赫了。但是，他为官不久，便辞官返乡了，开始经商。他在晚年的时候，虔诚拜佛，为人宽厚，乐善好施，被人称为“李善人”。而这就是我的父亲。

我是光绪六年（1880），在这个平和良善的家庭中出生的。生我时，我的母亲只有20岁，而我父亲已近68岁了。这是因为我是父亲的小妾生的，也正是如此，虽然父亲很疼爱我，但是在那时的官宦人家，妾的地位很卑微，我作为庶子，身份也就无法与我的同父异母的哥哥相比。从小就感受到这种不公平待遇给我带来的压抑感，然而只能是忍受着，也许这就为我今后出家埋下了伏笔。

在我5岁那年，父亲因病去世了。没有了父亲的庇护和依靠，我与母亲的处境很是困难，看着母亲一天到晚低眉顺眼、谨小慎微的度日，我的内心感到很难受，也使我产生了自卑的倾向。我养成了沉默寡言的内向性格，终日里与书作伴，与画为伍。只有在书画的世界里，我才能找到快乐和自由！

听我母亲后来跟我讲：在我降生的时候，有一只喜鹊叼着一根橄榄枝放在了产房的窗上，所有人都认为这是佛赐祥瑞。而我后来也一直将这根橄榄枝带在身边，并时常对着它祈祷。由于我的父亲对佛教的诚信，使我在很小的时候，就有机会接触到佛教经典，受到佛法的熏陶。我小时候刚开始识字，就是跟着我的大娘，也就是我父亲的妻子，学习念诵《大悲咒》和《往生咒》。而我的嫂子也经常教我背诵《心经》和《金刚经》等。虽然那时我根本就不明白这些佛经的含义，也无从知晓它们的教理，但是我很喜欢念经时那种空灵的感受。也只有在这时我能感受到平等和安详！而我想这也许成为我今后出家的引路标。

我小时候，大约是六七岁的样子，就跟着我的哥哥文熙开始读书识字，并学习各种待人接物的礼仪，那时我哥哥已经20岁了。由于我们家是书香门第，又是当地数一数二的官商世家，所以一直就沿袭着严格的教育理念。因此，我哥哥对我方方面面的功课都督教得异常严格，稍有错误必加以严惩。我自小就在这样严厉的环境中长大，这使我从小就没有了小孩子应有的天真活泼，也疑我的天性也遭到了压抑而导致有些扭曲。但是有一点不得不承认，那就是这种严格施教，对于我后来所养成的严谨认真的学习习惯和生活作风是起了决定作用的，而我后来的一切成就几乎都是得益于此，也由此我真心地感激我的哥哥。

当我长到八九岁时，就拜在常云政先生门下，成为他的入室弟子，开始攻读各种经史子集，并开始学习书法、金石等技艺。在我13岁那年，天津的名士赵幼梅先生和唐静岩先生开始教我填词和书法，使我在诗词书画方面得到了很大的提高，功力也较以前深厚了。为了考取功名，我对八股文下了很大的功夫，也因此得以在天津县学加以训练。在我16岁的时候，我有了自己的思想，过去所受的压抑而造成的“反叛”倾向也开始抬头了。我开始对过去刻苦学习是为了报国济世的思想不那么热衷了，却对文艺产生了浓厚的兴趣，尤其是戏曲，也因此成了一个不折不扣的票友。在此期间，我结识过一个叫杨翠喜的艺人，我经常去听她唱戏，并送她回家，只可惜后来她被官家包养，后来又嫁给一个商人作了妾。

由此后我也有些惆怅，而那时我哥哥已经是天津一位有名的中医大师了，但是有一点我很不喜欢，就是他为人比较势利，攀权倚贵，嫌贫爱富。我曾经把我的看法向他说起，他不接受，并指责我有辱祖训，不务正业。无法，我只有与其背道而驰了，从行动上表示我的不满，对贫贱低微的人我礼敬有加，对富贵高傲的人我不理不睬；对小动物我关怀备至，对人我却不冷不热。在别人眼里我成为了一个怪人，不可理喻，不过对此我倒是无所谓的。这可能是我日后看破红尘出家为僧的决定因素！

## 艺海畅游的乐趣

有人说我在出家前是书法家、画家、音乐家、诗人、戏剧家等，出家后这些造诣更深。其实不是这样的，所有这一切都是我的人生兴趣而已。我认为一个人在他有生之年应多学一些东西，不见得样样精通，如果能做到博学多闻就很好了，也不枉屈自己这一生一世。而我在出家后，拜印光大师为师，所有的精力都致力于佛法的探究上，全身心去了解禅的含义，在这些兴趣上反倒不如以前痴迷了，也就荒疏了不少。然而，每当回忆起那段艺海生涯，总是有说不尽的乐趣！

记得在我18岁那年，我与茶商之女俞氏结为夫妻。当时哥哥给了我30万元作贺礼，于是我就买了一架钢琴，开始学习音乐方面的知识，并尝试着作曲。后来我与母亲和妻子搬到了上海法租界，由于上海有我家的产业，我可以以少东家的身份支取相当高的生活费用，也因此得以与上海的名流们交往。当时，上海域南有一个组织叫“城南文社”，每月都有文学比试，我投了三次稿，有幸的是每次都获得第一名。从而与文社的主事许涣元先生成为朋友，他为我们全家在南城草堂打扫了房屋，并让我们移居了过去，在那里我和他及另外三位文友结为金兰之好，还号称是“天涯五友”。后来我们共同成立了“上海书画公会”，每个星期都出版书画报纸，与那些志同道合的同仁们一起探讨研究书画及诗词歌赋。但是这个公社成立不久就解散了。

由于公社解散，而我的长子在出生后不久就夭折了，不久后我的母亲又过世了，多重不幸给我带来了不小的打击。于是我将母亲的遗体运回天津安葬，并把妻子和孩子一起带回天津，我独自一人前往日本求学。在日本我就读于日本当时美术界的最高学府——上野美术学校，而我当时的老师亦是日本最有名的画家之一——黑田清辉。当时我除了学习绘画外，还努力学习音乐和作曲。那时我确实是沉浸在艺术的海洋中，那是一种真正的快乐享受。

我从日本回来后，政府的腐败统治导致国衰民困，金融市场更是惨淡，很多钱庄、票号都相继倒闭，我家的大部分财产也因此化为乌有了。我的生活也就不再像以前那样无忧无虑了，为此我到上海城东女校当老师去了，并且同时任《太平洋报》文艺版的主编。但是没多久报社被查封，我也为此丢掉了工作。大概几个月后我应聘到浙江师范学校担任绘画和音乐教员，那段时间是我在艺术领域里驰骋最潇洒自如的日子，也是我一生最忙碌、最充实的日子。

如果说人类的情欲像一座煤矿，在不同的时期有不同的方式，将自己的欲望转变为巨大的能量。而这种转变会因人而异，有大有小、有快有慢、有早有迟。我可能就属于后者，来得比较缓慢了。

# 遁入空门的修行

导致我出家的因素有很多，其中不乏小时候的家庭熏染，而有一些应该归功于我在浙江师范的经历。那种忙碌而充实的生活，将我在年轻时沾染上的一些所谓的名士习气洗刷干净，让我更加注重的是为人师表的道德修养的磨炼。因此我感受到了前所未有的清静和平淡，一种空灵的感觉在不知不觉中升起，并充斥到我的全身，就像小时候读佛经时的感觉，但比那时更清澈和明朗了。

民国初期，我来到杭州虎跑寺进行断食修炼，并于此间感悟到佛教的思想境界，于是便受具足戒，从此成为一介“比丘”，与孤灯、佛像、经书终日相伴。如果谈到我为何要选择在他人看来正是声名鹊起、该急流勇进的时候出家，我自己也说不太清楚，但我记得导致我出家决心的是我的朋友夏丏尊，他对我讲了一件事。他说：他在一本日本杂志上看到一篇关于绝食修行的方法，这种方法可以帮助身心进行更新，从而达到除旧换新、改恶向善的目的，使人生出伟大的精神力量。他还告诉了我一些实行的方法及注意事项，并给了我一本参考书。我对此产生了浓厚的兴趣，总想找机会尝试一下，看看对自己的身心修养有没有帮助。这个念头产生后，就再也控制不了了，于是在当年暑假期间我就到寺中进行了三个星期的断食修炼。

修炼的过程还是很顺利的。第一个星期逐渐减少食量到不食，第二个星期除喝水以外不吃任何食物，第三个星期由喝粥逐渐增加到正常饮食。断食期间，并没有任何痛苦，也没有感到任何的不适，更没有心力憔悴、软弱无力的感觉。反而觉得身心轻快了很多、空灵了很多，心的感受力比以往更加灵敏了，并且颇有文思和洞察力，感觉就像脱胎换骨过了一样。

断食修炼后不久的一天，由一个朋友介绍来的彭先生也来到寺里住下，不承想他只住了几天，就感悟到身心的舒适，竟由住持为其剃度，出家当了和尚。我看了这一切，受到极大的撞击和感染，于是由了悟禅师为我定了法名为演音，法号是弘一。但是我只皈依了三宝，没有剃度，成为一个在家修行的居士。我本想就此以居士的身份，住在寺里进行修持，因为我也曾经考虑到出家的种种困难。然而我一个好朋友说的一句话让我彻底下了出家为僧的决心。

在我成为居士并住在寺里后，我的那位好朋友，再三邀请我到南京高师教课，我推辞不过，于是经常在杭州和南京两地奔走，有时一个月要数次。朋友劝我不要这样劳苦，我说："这是信仰的事情，不比寻常的名利，是不可以随便迁就或更改的。"我的朋友后悔不该强行邀请我在高师任教，于是我就经常安慰他，这反倒使他更加苦闷了。终于，有一天他对我说："与其这样做居士究竟不彻底，不如索性出家做了和尚，倒清爽！"这句话对我犹如醍醐灌顶，一语就警醒了我。是呀，做事做彻底，不干不净的很是麻烦。于是在这年暑假，我就把我在学校的一些东西分给了朋友和校工们，仅带了几件衣物和日常用品，回到虎跑寺剃度作了和尚。

有很多人猜测我出家的原因，而且争议颇多。我并不想去昭告天下，我为啥出家。因为每个人做事，有每个人的原则、兴趣、方式方法以及对事物的理解，这些本就是永远不会相同的，就是说了他人也不会理解，所以干脆不说，慢慢他人就会淡忘的。至于我当时的心境，我想更多的是为了追求一种更高、更理想的方式，以教化自己和世人！

# 我在西湖出家的经过

杭州这个地方，实堪称为佛地，因为那边寺庙之多，有两千余所，可想见杭州佛法之盛了。

最近越风社要出关于《西湖增刊》，由黄居士来函，要我做一篇《西湖与佛教之因缘》。我觉得这个题目的范围太广泛了，而且又无参考书在手，于短期内是不能做成的，所以，现在就将我从前在西湖居住时，把那些值得追味的几件零碎的事情来说一说，也算是纪念我出家的经过。

## 一

我第一次到杭州是光绪二十八年（1902）七月。在杭州住了约莫一个月光景，但是并没有到寺院里去过。只记得有一次到涌金门外去吃过一回茶而已，同时也就把西湖的风景稍微看了一下子。

第二次到杭州是民国元年（1912）的七月里。这回到杭州倒住得很久，一直住了近十年，可以说是很久的了。我的住处在钱塘门内，离西湖很近，只两里路光景。在钱塘门外，靠西湖边有一所小茶馆，名“景春园”，我常常一个人出门，独自到景春园的楼上去吃茶。

当民国初年的时候，西湖那边的情形，完全与现在两样，那时候还有城墙及很多柳树，都是很好看的。除了春秋两季的香会之外，西湖边的人总是很少，而钱塘门外更是冷静了。

在景春园的楼下，有许多的茶客，是那些摇船抬轿的劳动者居多，而在楼上吃茶的就只有我一个人了。所以，我常常一个人在上面吃茶，同时还凭栏看着西湖的风景。

在茶馆的附近，就是那有名的大寺院——“昭庆寺”了。我吃茶之后，也常常顺便到那里去看一看。

民国二年（1913）夏天，我曾在西湖的广化寺里住了好几天，但是住的地方却不在出家人的范围之内，是在该寺的旁边，有一所叫作“痘神祠”的楼上。痘神祠是广化寺专门为着要给那些在家的客人住的。我住在里面的时候，有时也曾到出家人的地方去看看，心里却感觉很有意思呢！

记得那时我亦常常坐船到湖心亭去吃茶。

曾有一次，学校有一位名人来演讲，那时，我和夏丏尊居士两人却出门躲避，而到湖心亭去吃茶了。当时夏丏尊曾对我说："像我们这种人，出家做和尚倒是很好的。"那时候我听到这句话，就觉得很有意思。这可以说是我后来出家的一个远因了。

## 二

到了民国五年（1916）的夏天，我因为看到日本杂志中，有说及关于断食可以治疗各种疾病，当时我就起了一种好奇心，想来断食一下。因为我那时患有神经衰弱症，若实行断食后，或者可以痊愈亦未可知。要行断食时，须于寒冷的季候方宜。所以，我便预定十一月作断食的时间。

至于断食的地点呢，总须先想一想，考虑一下，似觉总要有个很幽静的地方才好。当时我就和西泠印社的叶品三君来商量，结果他说在西湖附近的虎跑寺可作为断食的地点。

那么，我就问他："既要到虎跑寺去，总要有人来介绍才对。究竟要请谁呢？”他说：“有一位丁辅之，是虎跑寺的大护法，可以请他去说一说。”于是他便写信请丁辅之代为介绍了。

因为从前那个时候的虎跑，不是像现在这样热闹的，而是游客很少，且十分冷静的地方啊。若用来作为我断食的地点，可以说是最相宜的了。

到了十一月的时候，我还不曾亲自到过。于是我便托人到虎跑寺那边去走一趟，看看在哪一间房里住好。看的人回来说：“在方丈楼下的地方倒很幽静。因为那边的房子很多，且平常时候都是关起来，游客是不能走进去的。而在方丈楼上，则只有一位出家人住着而已，此外并没有什么人居住。”

等到十一月底，我到了虎跑寺，就住在方丈楼下的那间屋子里了。我住进去以后，常常看见一位出家人在我的窗前经过，即是住在楼上的那一位。我看到他却十分的喜欢呢！因此，就时常和他来谈话；同时，他也拿佛经来给我看。

我以前虽然从5岁时，即时常和出家人见面，时常看见出家人到我的家里念经及拜忏，于十二三岁时，也曾学了放焰口；可是并没有和有道德的出家人住在一起，同时，也不知道寺院中的内容是怎样，以及出家人的生活又是如何。这回到虎跑去住，看到他们那种生活，却很欢喜而且羡慕起来了。

我虽然在那边只住了半个多月，但心里头却十分愉快，而且对于他们所吃的菜蔬，更是欢喜吃。及回到了学校以后，我就请佣人依照他们那样的菜煮来吃。

这一次我到虎跑寺去断食，可以说是我出家的近因了。

## 三

到了民国六年（1917）的下半年，我就发心吃素了。

在冬天的时候，我即请了许多佛经，女口《普贤行愿品》《楞严经》《大乘起信论》等，而于自己的房里，也供起佛像来，如地藏菩萨、观世音菩萨等的像，于是亦天天烧香了。

到了这一年放年假的时候，我并没有回家去，而是到虎跑寺里面去过年了。我仍旧住在方丈楼下。那个时候，则更觉得有兴味了，于是就发心出家。同时就想拜那位住在方丈楼上的出家人做师父，他的名字是弘祥师。可是他不肯我去拜他，而介绍我拜他的师父。他的师父是在松木场护国寺里居住的，于是他就请他的师父回到虎跑寺来，而我也就于民国七年（1918）正月十五日受三皈依了。

我打算于此年的暑假来入山。预先在寺里住了一年后，然后再实行出家的。当这个时候，我就做了一件海青，及学习两堂功课。

在二月初五日那天，是我母亲的忌日，于是我就先于两天以前到虎跑去，在那边诵了三天的《地藏经》，为我的母亲回向。

到了五月底的时候，我就提前先考试，而于考试之后，即到虎跑寺入山了。到了寺中一日以后，即穿出家人的衣裳，而预备转年再剃度的。

及至七月初，夏丏尊居士来，他看到我穿出家人的衣裳但还未出家，他就对我说："既住在寺里面，并且穿了出家人的衣裳，而不即出家，那是没有什么意思的，所以还是赶紧剃度好。"

我本来是想转年再出家的，但是承他的劝，于是就赶紧出家了。便于七月十三那一天，相传是大势至菩萨[1]的圣诞，所以就在那天落发。

落发以后仍须受戒的，于是由林同庄君介绍，而到灵隐寺去受戒了。

灵隐寺是杭州规模最大的寺院，我一向对它是很欢喜的。我出家以后，曾到各处的大寺院看过，但是总没有像灵隐寺那么的好。

八月底，我就到灵隐寺去。寺中的方丈和尚却很客气，叫我住在客堂后面芸香阁的楼上。当时是由慧明法师做大师父的。有一天，我在客堂里遇到这位法师了。他看到我时，就说起："既是来受戒的，为什么不进戒堂呢？虽然你在家的时候是读书人，但是读书人就能这样地随便吗？就是在家时是一个皇帝，我也是一样看待的！"那时方丈和尚仍是要我住在客堂楼上，而于戒堂里有了紧要的佛事时，方命我去参加一两回的。

那时候，我虽然不能和慧明法师时常见面，但是看到他那忠厚笃实的容色，却是令我佩服不已的！

受戒以后，我仍回到虎跑寺居住。到了十二月底，即搬到玉泉寺去住。以后即常常到别处去，没有久住

1　大势至菩萨：即大势至菩萨摩诃萨，为西方极乐世界阿弥陀佛的右胁侍者，西方三圣之一。

在西湖了。

## 四

曾记得在民国十二年（1923）夏天的时候，我曾到杭州去过一回。那时正是慧明法师在灵隐寺讲《楞严经》的时候。开讲的那一天，我去听他说法。因为好几年没有看到他，觉得他已苍老了不少，头发且已斑白，牙齿也大半脱落。我当时大为感动，于拜他的时候，不由泪落不止。听说以后没有经过几年工夫，慧明法师就圆寂了。

关于慧明法师一生的事迹，出家人中晓得的很多，现在，我且举几样事情来说一说。

慧明法师是福建汀州人。他穿的衣服毫不考究，看起来很不像法师的样子，但他待人是很平等的，无论你是“大好佬”或是“苦恼子”，他都是一样的看待。所以凡是出家、在家的上中下各色各样的人物，对于慧明法师是没有一个不佩服的。

他老人家一生所做的事情固然很多，但是最奇特的，就是能教化“马溜子”[1]了。

1　马溜子：对出家混混的称呼。

寺院里是不准这班马溜子居住的，他们总是住在凉亭里的时候为多。听到各处的寺院有人打斋的时候，他们就会赶斋[1]去。

在杭州这一带地方，马溜子是特别来得多。一般人总不把他们当人看待，而他们亦自暴自弃，无所不为的。但是慧明法师却能够教化马溜子呢！那些马溜子常到灵隐寺去看慧明法师，而他老人家却待他们很客气，并且布施他们种种好饭食、好衣服等。他们要什么就给什么，而慧明法师也有时对他们说几句佛法，以资感化。

慧明法师的腿是有毛病的，出来入去的时候，总是坐轿子居多。有一次，他从外面坐轿回灵隐时，下了轿后，旁人看到慧明法师是没有穿裤子的，他们都觉得奇怪，于是就问他道："法师为什么不穿裤子呢？"他说他在外面碰到了马溜子，因为向他要裤子，所以他连忙把裤子脱给他了。关于慧明法师教化马溜子的事，外边的传说很多很多，我不过略举了这几样而已。不单那些马溜子对于慧明法师有很深的钦佩和信仰，即其他一般出家人，亦无不佩服的。

---

1　赶斋：此处指吃白饭。

因为多年没有到杭州去了，西湖边上的马路、洋房，也渐渐修筑得很多，而汽车也一天比一天地增加。回想到我以前在西湖边上居住时，那种闲静幽雅的生活，真是如同隔世，现在只能托之于梦想了！

# 西湖夜游记

壬子七月，予重来杭州，客师范学舍。残暑未歇，庭树肇秋，高楼当风，竟夕寂坐。越六日，偕姜、夏二先生游西湖。于时晚晖落红，暮山被紫，游众星散，流萤出林，湖岸风来，轻裾致爽。乃入湖上某亭，命治茗具。又有菱芰，陈粲盈几。短童侍坐，狂客披襟，申眉高谈，乐说旧事。庄谐杂作，继以长啸，林鸟惊飞，残灯不华。起视明湖，莹然一碧；远峰苍苍，若现若隐，颇涉遐想，因忆旧游。曩岁来杭，故旧交集，文子耀斋，田子毅侯，时相过从，辄饮湖上。岁月如流，倏逾九稔。生者流离，逝者不作，坠欢莫拾，酒痕在衣。刘孝标云："魂魄一去，将同秋草。"吾生渺茫，可俙然感矣。漏下三箭，秉烛言归。星辰在天，万籁俱寂，野火暗暗，疑似青磷；垂杨沉沉，有如酣睡。归来篝灯，斗室无寐，秋声如雨，我劳何如？目暝意倦，濡笔记之。

## 遇见精神的出生地

我一生中的大部分岁月都是在南方度过的，这其中，杭州是我人生道路发生重大转变的地方。作为一名高校的艺术教师，我在浙一师的六年执教生涯中业绩斐然；作为一个诸艺略通的人，那段时期也该算我艺术创作的一个鼎盛期吧。然而更重要的是，在杭州，我找到了自己精神上的归宿，最终步入了佛门。

1912年3月，我接受浙江两级师范学堂（次年更名为浙江第一师范学校）教务长经亨颐的邀请，来该校任教。我之所以决定辞去此前在上海《太平洋报》极为出色的主编工作，除了经亨颐的热情邀请之外，西湖的美景也是一个重要的原因。经亨颐就曾说我本性淡泊，辞去他处厚聘，乐居于杭，一半勾留是西湖。

我那时已人到中年，而且渐渐厌倦了浮华声色，内心渴望一份安宁和平静，生活方式也渐渐变得内敛起来。我早在《太平洋报》任职期间，平日里便喜欢离群索居，几乎是足不出户。而在这之前，无论是在我的出生和成长之地天津，还是在我“二十文章惊海内”的上海，抑或是在我渡洋留学以专攻艺术的日本东京，我一直都生活在风华旋裹的氛围之中，随着这种心境的转变，到杭州来工作和生活，便成了一个再合适不过的选择。

1918年8月19日，农历七月十三，相传是大势至菩萨的圣诞，我便于这一天在虎跑寺正式剃发出家了，法名演音，号弘一。

到了9月下旬，我移至锡灵隐受戒。正是在受戒期间，我辗转披读了马一孚送我的两本佛门律学典籍，分别是明清之际的二位高僧藕益智旭与见月宝华所著的《灵峰毗尼事义集要》和《宝华传戒正范》，不禁悲欣交集，发愿要让其时弛废已久的佛门律学重光于世。可以说，我后来的一切事物就是从事对佛教律学的研究，如果说因此取得了一点成绩，也正是由此开始起步的。

对于我的出家，历来众说纷纭，莫衷一是。其实，我为此写过一篇《我在西湖出家的经过》，对于自己出家的原由与经过作了详细的介绍，无论如何，在我看来，佛教为世人提供了一条医治生命无常这一人生根本苦痛的道路，这使我觉得，没有比依佛法修行更为积极和更有意义的人生之路。当人们试图寻找各种各样的原因来解释我走向佛教的原因之时，不要忘记，最重要的原因其实正是来自佛教本身。就我皈依佛教而言，杭州可以说是我精神上的出生地。

# 追求律学的真谛

由于我出家后，总是选择清静祥和的地方，要么闭关诵读佛经，要么就是从事写作，有时为大众讲解戒律修持，所以人们经常感到我行踪不定，找不到我。其实佛法无处不在，有佛法的地方就会有我。而我对佛教戒律学的研究可说是情有独钟，我夜以继日地加以研究，就算倾注我毕生的精力也在所不惜！而且我出家后，认定了弘扬律学的精要，一直都过着持律守戒的生活。这种生活对我的修行起了很大的帮助。

我最初接触律学，主要是朋友马一孚居士送给我的一本名叫《灵峰毗尼事义集要》和一本名叫《宝华传戒正范》的书，我非常认真地读过后，真是悲欣交集，心境通彻，亦因此下定决心要学戒，以弘扬法正。

《灵峰毗尼事义集要》是明末高僧藕益智旭法师的精神旨要，而《宝华传戒正范》是明末的见月宝华法师为传戒所制定的戒律标准。我仔细研读了两位前辈大德的著作后，由衷的感叹大师的修行法旨，也不得不发出感慨，慨叹现在的佛门戒律颓废，很多的僧人没有真正的戒律可以遵守，如果长久下去，佛法将无法长存，僧人也将不复存在了，这是我下决心学习律学的原因。我常想："我们在此末法时节，所有的戒律都是不能得的，其中有很多的原因。"而现在没有能够传授戒律的人，长此以往我认为僧种可能就断绝了。请大家注意，我所说的"僧种断绝"，不是说中国没有僧人了，而是说真正懂得戒律和能遵守戒律的僧人，不复存在了！

想到这些后，我于1921年到温州庆福寺进行闭关修持，后又学习《南山律》。经过长时间的研究和习作后，我便在西湖玉泉寺，用了四年的时间，撰写了《四分律比丘戒相表记》。从这本书中不难看出，我所从事的佛学思想体系以《华严》为境，《四律》为行，导归净土为果的。

像我这样初入佛门，便选择了律学为我毕生的研究方向的僧人，是非常少见的，这令我感到很伤感。如果能有更多的僧人像我这样，持戒守律，那么佛法的发扬光大将不是难事！

# 南闽十年之梦影

**丁丑二月十六日在南普陀寺佛教养正院讲**

我一到南普陀寺，就想来养正院和诸位法师讲谈讲谈，原定的题目是“余之忏悔”，说来话长，非十几小时不能讲完；近来因为讲律，须得把讲稿写好，总抽不出一个时间来，心里又怕负了自己的初愿，只好抽出很短的时间，来和诸位谈谈，谈我在南闽十年中的几件事情！

我第一回到南闽，在一九二八年的十一月，是从上海来的。起初还是在温州，我在温州住得很久，差不多有十年光景。

由温州到上海，是为着编辑《护生画集》的事，和朋友商量一切；到十一月底，才把《护生画集》编好。

那时我听人说，尤惜阴居士也在上海。他是我旧时很要好的朋友，我就想去看一看他。一天下午，我去看尤居士，居士说要到暹罗国去，第二天一早就要动身的。我听了觉得很喜欢，于是也想和他一道去。

我就在十几小时中，急急地预备着。第二天早晨，天还没大亮，就赶到轮船码头，和尤居士一起动身到暹罗国去了。从上海到暹罗，是要经过厦门的，料不到这就成了我来厦门的因缘。十二月初，到了厦门，承陈敬贤居士的招待，也在他们的楼上吃过午饭，后来陈居士就介绍我到南普陀寺来。那时的南普陀，和现在不同，马路还没有建筑，我是坐着轿子到寺里来的。

到了南普陀寺，就在方丈楼上住了几天。时常来谈天的，有性愿老法师、芝峰法师等。芝峰法师和我同在温州，虽不曾见过面，却是很相契的。现在突然在南普陀寺晤见了，真是说不出的高兴。

我本来是要到暹罗去的，因着诸位法师的挽留，就留滞在厦门，不想到暹罗国去了。

在厦门住了几天，又到小雪峰那边去过年。一直到正月半以后才回到厦门，住在闽南佛学院的小楼上，约莫住了三个月工夫。看到院里面的学僧虽然只有二十几位，他们的态度都很文雅，而且很有礼貌，和教职员的感情也很不差，我当时很赞美他们。

这时芝峰法师就谈起佛学院里的课程来。他说：“门类分得很多，时间的分配却很少，这样下去，怕没有什么成绩吧？”因此，我表示了一点意见，大约是说：“把英文和算术等删掉，佛学却不可减少，而且还得增加，就把腾出来的时间教佛学吧？”他们都很赞成。听说从此以后，学生们的成绩，确比以前好得多了！

我在佛学院的小楼上，一直住到四月间，怕将来的天气更会热起来，于是又回到温州去。

第二回到南闽，是在一九二九年十月。起初在南普陀寺住了几天，以后因为寺里要做水陆，又搬到太平岩去住。等到水陆圆满，又回到寺里，在前面的老功德楼住着。

当时闽南佛学院的学生，忽然增加了两倍多，约有六十多位，管理方面不免感到困难。虽然竭力的整顿，终不能恢复以前的样子。

不久，我又到小雪峰去过年，正月半才到承天寺来。

那时性愿老法师也在承天寺，在起草章程，说是想办什么研究社。

不久，研究社成立了，景象很好，真所谓“人才济济”，很有一种难以形容的盛况。现在妙释寺的善契师，南山寺的传证师，以及已故南普陀寺的广究师，等等，都是那时候的学僧哩！

研究社初办的几个月间，常住的经忏很少，每天有工夫上课，所以成绩卓著，为别处所少有。

当时我也在那边教了两回写字的方法，遇有闲空，又拿寺里那些古版的藏经来整理整理，后来还编成目录，至今留在那边。这样在寺里约莫住了三个月，到四月，怕天气要热起来，又回到温州去。

一九三一年九月，广洽法师写信来，说很盼望我到厦门去。当时我就从温州动身到上海，预备再到厦门；但许多朋友都说：时局不大安定，远行颇不相宜，于是我只好仍回温州。直到转年（即一九三二年）十月，到了厦门，计算起来，已是第三回了。

到厦门之后，由性愿老法师介绍，到山边岩去住；但其间妙释寺也去住了几天。

那时我虽然没有到南普陀来住，但佛学院的学僧和教职员，却是常常来妙释寺谈天的。

一九三三年正月廿一日，我开始在妙释寺讲律。这年五月，又移到开元寺去。

当时许多学律的僧众，都能勇猛精进，一天到晚的用功，从没有空过的工夫；就是秩序方面也很好，大家都啧啧的称赞着。

有一天，已是黄昏时候了，我在学僧们宿舍前面的大树下立着，各房灯火发出很亮的光；诵经之声，又复朗朗入耳，一时心中觉得有无限的欢慰！可是这种良好的景象，不能长久的继续下去，恍如昙花一现，不久就消失了。但是当时的景象，却很深的印在我的脑中，现在回想起来，还如在大树底下目睹一般。这是永远不会消灭，永远不会忘记的啊！

十一月，我搬到草庵来过年。

一九三四年二月，又回到南普陀。当时旧友大半散了，佛学院中的教职员和学僧，也没有一位认识的！我这一回到南普陀寺来，是准了常惺法师的约，来整顿僧教育的。后来我观察情形，觉得因缘还没有成熟，要想整顿，一时也无从着手，所以就作罢了。此后并没有到闽南佛学院去。

讲到这里，我顺便将我个人对于僧教育的意见，说明一下：

我平时对于佛教是不愿意去分别那一宗、那一派的，因为我觉得各宗各派，都各有各的长处。但是有一点，我以为无论那一宗那一派的学僧，却非深信不可，那就是佛教的基本原则，就是深信善恶因果报应的道理。——善有善报，恶有恶报；同时还须深信佛菩萨的灵感！这不仅初级的学僧应该这样，就是升到佛教大学也要这样！善恶因果报应和佛菩萨的灵感道理，虽然很容易懂；可是能彻底相信的却不多。这所谓信，不是口头说说的信，是要内心切切实实去信的呀！咳！这很容易明白的道理，若要切切实实地去信，却不容易啊！我以为无论如何，必须深信善恶因果报应和诸佛菩萨灵感的道理，才有做佛教徒的资格！须知善有善报，恶有恶报，这种因果报应，是丝毫不爽的！又须知我们一个人所有的行为，一举一动，以至起心动念，诸佛菩萨都看得清清楚楚！一个人若能这样十分坚定地信着，他的品行道德，自然会一天比一天地高起来！要晓得我们出家人，就所谓"僧宝"，在俗家人之上，地位是很高的。所以品行道德，也要在俗家人之上才行。

倘品行道德仅能和俗家人相等，那已经难为情了。何况不如？又何况十分的不如呢？……咳！……这样他们看出家人就要十分的轻慢，十分的鄙视，种种讥笑的话，也接连的来了。……

记得我将要出家的时候，有一位住在北京的老朋友写信来劝告我，你知道他劝告的是什么，他说："听到你要不做人，要做僧去。……"咳！……我们听到了这话，该是怎样的痛心啊！他以为做僧的，都不是人，简直把僧不当人看了！你想，这句话多么厉害呀！出家人何以不是人？为什么被人轻慢到这地步？我们都得自己反省一下！我想：这原因都由于我们出家人做人太随便的缘故，种种太随便了，就闹出这样的话柄来了。至于为什么会随便呢，那就是由于不能深信善恶因果报应和诸佛菩萨灵感的道理的缘故。倘若我们能够真正生信，十分坚定的信，我想就是把你的脑袋斫掉，也不肯随便的了。

以上所说，并不是单单养正院的学僧应该牢记，就是佛教大学的学僧也应该牢记，相信善恶因时报应和诸佛菩萨灵感不爽的道理。

就我个人而论，已经是将近六十的人了，出家已有二十年，但我依旧喜欢看这类的书。——记载善恶因果报应和佛菩萨灵感的书。

我近来省察自己，觉得自己越弄越不像了，所以我要常常研究这一类的书。希望我的品行道德，一天高尚一天。希望能够改过迁善，做一个好人。又因为我想做一个好人，同时我也希望诸位都做好人。

这一段话，虽然是我勉励我自己的，但我很希望诸位也能照样去实行。

关于善恶因果报应和佛菩萨灵感的书，印光老法师在苏州所办的弘化社那边印得很多，定价也很低廉，诸位若要看的话，可托广洽法师写信去购请，或者他们会赠送也未可知。

以上是我个人对于僧教育的一点意见。下面我再来说几样事情：

我于一九三五年到惠安净峰寺去住。到十一月，忽然生了一场大病，所以我就搬到草庵来养病。这一回的大病，可以说是我一生的大纪念！我于一九三六年的正月，扶病到南普陀寺来。在病床上有一只钟，比其他的钟总要慢两刻，别人看到了，总是说这个钟不准，我说：“这是草庵钟。”别人听了“草庵钟”三字还是不懂，难道天下的钟也有许多不同的么？现在就让我详详细细的来说个明白。

我那一回大病，在草庵住了一个多月。摆在病床上的钟，是以草庵的钟为标准的。而草庵的钟，总比一般的钟要慢半点。我以后虽然移到南普陀，但我的钟还是那个样子，比平常的钟慢两刻，所以“草庵钟”就成了一个名词了。这件事由别人看来，也许以为是很好笑的吧！但我觉得很有意思！因为我看到这个钟，就想到我在草庵生大病的情形了，往往使我发大惭愧，惭愧我德薄业重。我要自己时时发大惭愧，我总是故意地把钟改慢两刻，照草庵那钟的样子，不止当时如此，到现在还是如此，而且愿尽形寿，常常如此。

以后在南普陀住了几个月，于五月间，才到鼓浪屿日光岩去。十二月仍回南普陀。到今年一九三七年，我在闽南居住，算起来，首尾已是十年了。回想我在这十年之中，在闽南所做的事情，成功的却是很少很少，残缺破碎的居其大半，所以我常常自己反省，觉得自己的德行，实在十分欠缺。因此近来我自己起了一个名字，叫“二一老人”。什么叫“二一老人”呢？

这有我自己的根据。

记得古人有句诗:“一事无成人渐老。”清初吴梅村(伟业)临终的绝命词有:“一钱不值何消说。”这两句诗的开头都是“一”字,所以我用来做自己的名字,叫作“二一老人”。

因此我十年来在闽南所做的事,虽然不完满,而我也不怎样地去求他完满了。

诸位要晓得,我的性情是很特别的,我只希望我的事情失败,因为事情失败、不完满,这才使我常常发大惭愧,能够晓得自己的德行欠缺,自己的修善不足,那我才可努力用功,努力改过迁善。一个人如果事情做完满了,那么这个人就会心满意足,洋洋得意,反而增长他贡高我慢的念头,生出种种的过失来。所以还是不去希望完满的好。不论什么事,总希望他失败,失败才会发大惭愧,倘若因成功而得意,那就不得了啦!

我近来,每每想到“二一老人”这个名字,觉得很有意味。这“二一老人”的名字,也可以算是我在闽南居住了十年的一个最好的纪念。

# 行脚散记

癸酉十一月十一日，居草庵。十五日讫二十日，讲《梵网经戒本》。十二月一日讫三日，讲《药师经》，回向故瑞意法师(二月二日复念佛回向)。除夕夜，讲藕益大师“普说”二则。甲戌元旦讫十四日，讲《四分律羯磨》初、二篇。十九日、二十日讲《羯磨》。二十一日为藕益大师涅槃日，设供并讲大师遗作《祭颛愚大师文》《德林座右铭》二首。二十二日夜与大众行蒙山施食，回向鬼众及草庵已故诸蜜蜂等。二月三日之厦门南普陀寺，开讲《四分律行事钞资持记》。为书弘律愿誓句，并记二月余行事，赠芳远居士，以为遗念焉。沙门演音，时年五十又五。

1934年春书赠李芳远居士

## 从容弘法的感悟

从我出家以后，一直到现在，近二十年的时间里，我一直在修持戒律，并且一直不曾化缘、修庙、剃度徒众，也不曾做过住持或监院之类的职务，甚至极少接受一般人的供养。有的时候供养确实是无法推却，只好收下，然后转给寺庙。至于我个人的日常花用，一般是由我过去的几位朋友或学生来赞助的。因为我自开始修持戒律后，从律学的角度来讲，随便收受他人的馈赠，即便是施主真心真意的供养，也是犯了五戒中的盗戒；再者说，随便收受他人的馈赠，会滋养恶习，不利于修行，更不利于佛法的参悟。所以，我对金钱方面的事情，极为注意，丝毫不敢懈怠。记得我在出家后的第三年时，有一位上海的居士寄钱给我，让我买僧衣和日常用品，我把钱退了回去，并婉言相告表示谢意。

在我出家的这二十年时间里，我先后在杭州的玉泉寺、嘉兴精严寺、衢州莲华寺、温州庆福寺等数十处寺庙住过，其中在温州的时间最长。现在这几年一直住在闽南，主要是在泉州和厦门。在闽南的这段时间，我一直是在写书，并将写成的书向僧众们讲解，将宣传戒律的决心付诸行动。

在闽南是我宣扬戒律最重要的时期，而其间让我感到欣慰的是，每到一处讲解戒律时，都会有众多的僧人前来听录，他们都非常认真。这前后跟我经常在一起的有性常、义俊、瑞今、广洽等十余人，他们都为我宣讲律学给予了不少的帮助。

自此可见，佛法的真实理论和修行的严谨方法，是众多出家人都渴望得到的，也因此我不再害怕佛法不能弘扬了。看来作为一个学道的人，只要心中有春意，就不用世俗的享受来愉悦自己，倒是世间的一切，均可以使自己感到快乐。更何况是为解脱世间众多受苦人的事业而努力，只要有一点成绩和希望，我们都应感到欣喜。

# 最后之□□

**戊寅十一月十四日在南普陀寺佛教养正院同学会席上讲瑞今记**

佛教养正院已办有四年了。诸位同学初来的时候，身体很小，经过四年之久，身体皆大起来了，有的和我也差不多。啊！光阴很快。人生在世，自幼年至中年，自中年至老年，虽然经过几十年之光景，实与一会儿差不多。就我自己而论，我的年纪将到六十了，回想从小孩子的时候起到现在，种种经过如在目前。啊！我想我以往经过的情形，只有一句话可以对诸位说，就是“不堪回首”而已。

我常自来想，啊！我是一个禽兽吗？好像不是，因为我还是一个人身。我的天良丧尽了吗？好像还没有，因为我尚有一线天良常常想念自己的过失。我从小孩子起一直到现在都埋头造恶吗？好像也不是，因为我小孩子的时候，常行袁了凡的功过格，三十岁以后，很注意于修养，初出家时，也不是没有道心。虽然如此，但出家以后一直到现在，便大不同了：因为出家以后二十年之中，一天比一天堕落，身体虽然不是禽兽，而心则与禽兽差不多。天良虽然没有完全丧尽，但是惛愦糊涂，一天比一天厉害，抑或与天良丧尽也差不多了。讲到埋头造恶的一句话，我自从出家以后，恶念一天比一天增加，善念一天比一天退失，一直到现在，可以说是醇乎其醇的一个埋头造恶的人，这个也无须客气也无须谦让了。

就以上所说看起来，我从出家后已经堕落到这种地步，真可令人惊叹；其中到闽南以后十年的功夫，尤其是堕落的堕落。去年春间曾经在养正院讲过一次，所讲的题目，就是“南闽十年之梦影”，那一次所讲的，字字之中，都可以看到我的泪痕。诸位应当还记得吧。

可是到了今年，比去年更不像样子了；自从正月二十到泉州，这两个月之中，弄得不知所云。不只我自己看不过去；就是我的朋友也说我以前如闲云野鹤，独往独来，随意栖止，何以近来竟大改常度，到处演讲，常常见客，时时宴会，简直变成一个“应酬的和尚”了，这是我的朋友所讲的。啊！“应酬的和尚”，这五个字，我想我自己近来倒很有几分相像。

如是在泉州住了两个月以后，又到惠安到厦门到漳州，都是继续前稿；除了利养，还是名闻，除了名闻，还是利养。日常生活，总不在名闻利养之外。虽在瑞竹岩住了两个月，稍少闲静，但是不久，又到祈保亭冒充善知识，受了许多的善男信女的礼拜供养，可以说是惭愧已极了。

九月又到安海，住了一个月，十分的热闹。近来再到泉州，虽然时常起一种恐惧厌离的心，但是仍不免向这一条名闻利养的路上前进。可是近来也有一件可庆幸的事，因为我近来得到永春十五岁小孩子的一封信。他劝我以后不可常常宴会，要养静用功；信中又说起他近来的生活，如吟诗、赏月、看花、静坐等，洋洋千言的一封信。啊！他是一个十五岁的小孩子，竟有如此高尚的思想，正当的见解。我看到他这一封信，真是惭愧万分了。我自从得到他的信以后，就以十分坚决的心，谢绝宴会，虽然得罪了别人，也不管他，这个也可算是近来一件可庆幸的事了。

虽然是如此，但我的过失也太多了，可以说是从头至足，没有一处无过失，岂只谢绝宴会，就算了结了吗？尤其是今年几个月之中，极力冒充善知识，实在是太为佛门丢脸。别人或者能够原谅我；但我对我自己，绝对不能够原谅，断不能如此马马虎虎的过去。所以我近来对人讲话的时候，绝不顾惜情面，决定赶快料理没有了结的事情，将“法师”“老法师”“律师”等名目，一概取消，将学人侍者等一概辞谢；孑然一身，遂我初服，这个或者亦是我一生的大结束了。

啊！再过一个多月，我的年纪要到六十了。像我出家以来，既然是无惭无愧，埋头造恶，所以到现在所做的事，大半支离破碎不能圆满，这个也是份所当然。只有对于养正院诸位同学，相处四年之久，有点不能忘情；我很盼望养正院从此以后，能够复兴起来，成为全国模范的僧学院。可是我的年纪老了，又没有道德学问，我以后对于养正院，也只可说“爱莫能助”了。

啊！与诸位同学谈得时间也太久了，且用古人的诗来作临别赠言。诗云：

未济终焉心飘渺，万事都从缺陷好。

吟到夕阳山外山，古今谁免余情绕。

# 2

# 春满

# 浅谈西画

## 缘起

这次应马先生之邀，来此与大家探讨一些有关西洋绘画艺术之话题，余虽所知尚浅，然承蒙诸位抬爱，盛情难却，故敝人自得勉力为之！

首先，余从西洋绘画史说起，并于中举一些名作加以评析，以供诸君作一概貌之了解。西画源流，亦如国画一般久远，可谓“源远流长”。

言及西洋绘画，多指欧洲历史延伸下来之文明体系；而欧洲文明最早达到艺术高峰的是古希腊、古罗马，西洋美术史称为“古希腊、古罗马艺术”，此中历经欧洲中世纪之变革，于14世纪初至16世纪末这段时期，迎来了西方艺术第二次顶峰——即伟大之“文艺复兴运动”。

以下，敝人将以西洋艺术大师生平或其代表画作加以介绍与评析，以飨诸位！

1. 文艺复兴时期欧洲绘画

因古史繁杂，难以考研，今从近代最具影响之“文艺复兴”讲起。首先，当略讲述“文艺复兴”之由来。

“文艺复兴”一词源自意大利语“Finascia”，意为“再生”或“复兴”。14～16世纪，欧洲发生的“文艺复兴运动”，实为一场伟大之思想与文化的解放运动。于此运动，新兴之资产阶级将中世纪文化视为黑暗、倒退，而将希腊、罗马之“古典文化艺术”评为“光明”“高雅”之典范，力图将其复兴。

“文艺复兴”起源自意大利国，后蔓延至整个欧洲，于文学、绘画、雕塑、音乐等多个领域均引起空前之革新，故而影响深远，终成波澜壮阔之文化景观。

下面，余为诸位列举几位“文艺复兴”时期欧洲绘画的名家及其代表作品，略作评介，望诸位借鄙人的妄谈浅说，能对“文艺复兴”时期的欧洲绘画有所知晓。

（1）波提切利

波提切利乃“文艺复兴”时期，翡冷翠（今译为佛罗伦萨）画派的最后一位画家。他于1486年创作的

《维纳斯的诞生》，可谓杰作。

该画最大特色，是对人物神情之描写，以及颜色搭配等，并能将人物内心惟妙惟肖表达出来，给人一种美感或净化之感受；其次，时值基督教会统治之下，因宗教保守之影响，袒露之画法似有不妥，因赤裸之人体在当时被视为亵渎或诱惑，甚而成为“异教”，故此画风大体不为世人所接受，可见此画于彼时当属创新之举。

再者，此画师之贡献在于，其巧妙运用了新的绘法，在继承并发展了中世纪之装饰风格处，尚创造出一种线条明确、节奏感强之画风，予人精致、明快、洁净之独特画风，为世人称道。

（2）达·芬奇

达·芬奇（Leonardo da Vinci）乃文艺复兴盛期之首位大师，其与画家米开朗基罗、拉斐尔共被誉为“文艺复兴三杰”。其精力过人，多才多艺，除绘画外，尚通晓力学、光学、天文学、地理学、解剖学、植物学、机械工程学、地质学、兵器学、水利学和土木工程学，且在众多领域多有建树，真可谓是“奇才”。

达·芬奇是一位颇具人文思想的艺术家，有“为世服务、造福于民”之人生观与艺术观；且为理论与实践、艺术与科学结合之典范人物。其作《最后的晚餐》和《蒙娜丽莎》，代表了达·芬奇在美术方面之辉煌成就。达·芬奇作画，善于描绘局部之细微，尤善以人物肢体动作来表达其内心之情感，往往在一举手、一投足间留下深刻而丰富之蕴涵，《最后的晚餐》即是用如此手法，将画中人物内心表露无遗！多有画作描绘基督与十二门徒之最后晚餐，然其中空前之作当数达·芬奇所绘。其画作构思巧妙，布局卓越，细微写实之处及严格的体面关系引人入胜，使观者有如身临其境。画中人物举手投足之神态，亦刻画得极细入微，惟妙惟肖。性格之描绘契合画题之主旨，及构图多样而统一，使之不愧为西画作品之经典。

（3）弗朗索瓦·克鲁埃

弗朗索瓦·克鲁埃（Francois Clouet），乃16世纪法国枫丹白露画派大画家让·克鲁埃之子——枫丹白露画派乃16世纪活跃于法国宫廷之美术流派。此流派形成于公元1530年前后，法国国王法兰西一世将不少意大利画家请至法国，为其位于枫丹白露之宫殿创作壁画与雕刻。以此为缘，诸法国画家与来法之意大利艺术家交往甚密，交流之余自然形成了一种独特之画风，此画派被后人称为“枫丹白露画派”。所创作之作品多是体现“样式主义”风格。

弗朗索瓦·克鲁埃继承其父之传统，其精美的垩笔素描颇具独立之审美。除肖像画之外，弗朗索瓦·克鲁埃还创作了诸多神话故事题材。《贵妇人出浴》为其代表作，画中妇人虽袒露身体，构图却依然予人写实的半身肖像画之感，构思巧妙地展现了贵族的生活。

这幅作品通过巧妙的构思将宫廷贵妇的生活不动声色地表达了出来。作品的背景是一间豪华闺房，房中的女仆正在收拾屋子，而那名贵妇在浴缸里裸着上身，右手握着一支羽毛笔，左侧有一位正在哺乳的保姆，而旁边一个小男孩正在偷窃浴缸搁板上的水果。据相关资料考证，这位贵妇实际上是法国国王查理九世的情人玛利亚·图舍。

2. 17世纪欧洲绘画

人云，15、16世纪文艺复兴时期的艺术家们是把“艺术从宗教拉回了人间”，那么也可说，包括绘画在内的17世纪欧洲美术，是对这一现实（或现世）人间艺术进一步的发展作出了贡献。不过，随着资本主义的快速成长、人文主义的深入传播以及宗教势力的顽固抵抗，使得这一发展充满了曲折和多样性。

最初，文艺复兴时期的绘画在表达人文主义思想时尚无脱离宗教题材；而至17世纪的欧洲绘画，却勇敢地走出了宗教影响，使得现实的世俗的人物画、肖像画、风景画、静物画乃至裸体人像画普遍繁荣起来，表现了上流社会在现实生活中的安定、富足及享乐。

再者，文艺复兴时期的绘画崇尚“和谐、宁静、理想”之美；而17世纪的欧洲绘画则强调打破和谐、崇尚自然，主张源于真实、自然之美，并因此丰富了绘画艺术的表现手段。于是，在此背景之下，意大利、荷兰和西班牙相继出现了“现实主义”画派——这些艺术家深入下层社会、了解百姓生活，因之，作品带有明显的写实主义风格和社会批判色彩。

17世纪之欧洲素有“巴洛克时代”之称，“巴洛克”是一种包括绘画、音乐等在内的美术表现形式，因其符合民众需求及宫廷贵族之好，终成为宗教和封建贵族的“正统艺术”，并在17世纪风靡欧洲。

（1）卡拉瓦乔

卡拉瓦乔乃17世纪意大利最伟大之现实主义画家。生于伦巴第省卡拉瓦乔小镇一建筑师家庭，11岁时移居米兰，后随著名画家西蒙·彼得尔查诺学习绘画。在西蒙·彼得尔查诺的影响下，卡拉瓦乔接触过“样式主义”艺术，但对其影响最深的当属文艺复兴时一些大师之作，及伦巴第下层百姓悲惨现实之生活。

自1597年起，卡拉瓦乔进入其绘画创作生涯之盛期。画家彻底克服了“样式主义”之影响，独辟蹊径，将其于风俗画中所得之新法运用于宗教绘画之中，从而在宗教绘画创作上获得重大突破。1592—1602年，卡拉瓦乔在一次争吵中误杀一人，故而不得不离开罗马，迁移那不勒斯，至此开始流浪生涯。然则，流浪生涯亦使画家有机会接触下层百姓之真实生活，最终成为敢于歌颂普通百姓之伟大艺术家。

卡拉瓦乔盛期之作有《圣母之死》和《圣保罗的改革》等；从1606—1610年，在卡拉瓦乔创作晚期，其作品有《洗礼者约翰的斩首》《圣路乔的埋葬》等作品；其杰出之画作为《基督的降临》和《基督的笞刑》，作品中之画面色调浓重，其特殊处理之法，亦被后人称之为“黑绘法”。

卡拉瓦乔逝于1610年，年仅37岁；死后，其风格为各国“现实主义”画家所继承，时人称其画风为“卡拉瓦乔之现实主义”。

《基督在以马忤斯的晚餐》亦为卡拉瓦乔代表作之一，描绘《圣经》中“基督复活”之情节。在作品中，卡拉瓦乔选择门徒突然认出基督后内心的震惊作为创作之要点，采取的是短缩透视手法；画面背景为暗黑色墙壁，一束亮光照于基督脸上，以红、白对比之法，使之成为画面中心；而摆在桌上的水果，有的已熟透，有的已裂开，有的则变质，借此，表达画家之精神或信仰上帝与基督乃永恒不灭之神。

卡拉瓦乔有一信念，即事实无论美与不美，画者都应忠实于它，若能将其真实表现，即是佳作。此番论述被时人批评为“粗鲁之自然主义”，而后世之人则称之为“卡拉瓦乔之写实主义”，因其能令欣赏者从内心生起虔敬之心。

（2）鲁本斯

“巴洛克”（Baroque）一词乃“奇形怪状”“矫揉

造作”等意，其最初为18世纪末“新古典主义”艺术家用来嘲讽17世纪之艺术之语，说此派画风有违“古典艺术”之典范，为贬义之词。

巴洛克美术源于17世纪意大利之罗马，后盛行于全欧，其成就多体现于建筑、雕刻、绘画、音乐诸方面，以热情奔放、华丽大度及运动感强为典型风范。

“巴洛克美术”多讲究光线之运用，强调作品中之局部或精神气质，且追求写实特性，注意人物之性格心理，且注意外部造型之匀称，追求和谐；画家们喜以寓意或象征手法来表达画作内涵，力图表现人物深层之内在心理，或表达神秘之视觉感受。“巴洛克”风格中，最杰出之代表为画家鲁本斯（Peter Paul Rubens）。

画作《劫夺留西帕斯的女儿》以动静及色彩强烈对比而构图，于中尚有宁静与神圣之表达，故而不觉野蛮，小天使之出现，令人无暴戾之感，似为本能而延伸之游戏。鲁本斯之天赋，可从其色彩及赋予作品以活力中得以窥见。

（3）伦勃朗

西洋画师伦勃朗，早年曾师从威楞柏格、拉斯特曼学习绘画，且吸收卡拉瓦乔之“明暗法”并有所创新，后形成自己独特之艺术风格。1623年，伦勃朗因创作《杜普教授之解剖课》而一举成名，并与贵族之女莎士基亚结成连理。此间，其佳作不断，如《画家和他的妻子》《基督受难》《圣家族》和《丹娜厄》等。

《丹娜厄》取材于希腊神话：被囚禁在铜塔中的丹娜厄，与化作金雨的神——宙斯结为情侣。长期以来，这一题材被许多画家所喜爱。在这一幅画中，伦勃朗以自己的妻子为模特，塑造了一位妩媚的女性形象。

后因伦勃朗艺术之求与权贵产生矛盾；加之爱妻离世，备受打击；同年，其巨作《夜巡》因人物排列问题遭到订画人反对，故而心情忧郁。此后，伦勃朗开始创作《圣经》故事画作，同时亦有肖像画与风景画，其作品具色彩温暖、明暗分明之特点，而体裁丰富、造型微妙。

晚年，乃为画家生活最困难之时——因订画之人日少，收入几无；1662年，伦勃朗第二位夫人不幸逝世；六年后，其爱子亦离人间，可谓不幸中之不幸。然而生活之不幸并未摧折伦勃朗之坚强意志和创造力；反之，其最伟大之肖像作品——《呢绒公会理事们的肖像》《大卫在索罗门前弹琴》《浪子回家》等，即在此段艰难岁月所创。1669年10月10日，伦勃朗不幸病逝。

伦勃朗一生创作之作品极多，虽已遗失不少，尚留下五百余幅油画、二百余幅蚀刻版画及一千五百余幅素描，为荷兰不可多得之“现实主义”作品。

说起此幅《夜巡》作品，尚有一段让人省思之背景：虽《夜巡》花费伦勃朗之大量心血，而此画却为伦勃朗引来一场极为不利之诉讼——因此这幅之订购者乃阿姆斯特丹射击公会，而成员因同等之钱财却不能占有同等显著之地位，故而向伦勃朗提出抗议，讨返画金之余尚对伦勃朗大肆攻击，由此可见艺术家之不易；加之伦勃朗曾以妻子为模特画过宗教题材之作品，故而遭到维系传统道德之人的非议。于是，不幸随之而来：不仅订画者疏远于他，而其爱妻不久亦离开人世，可叹人世之无常！

（4）委拉斯开兹

画家委拉斯开兹（Diego de Silvia Velazquez，1599—1660），1599年生于塞维利亚。少年时曾师从

著名画家巴契科学习绘画技法，17岁即获得“艺术家”之称号，可见其天赋不同一般。

其创作之时所观之对象，多为下层平民，因之常与流浪者、老妇、商贩走卒相往来，此从其画作中可以窥之一二，亦可从中理会画家之内心情感，如《卖水的人》（1617）即是此类作品。

1623年委拉斯开兹被任命为宫廷画师，至61岁去世时，其在西班牙王宫度过几近40年之久。1629年，委拉斯开兹结识大画家鲁本斯，在鲁劝说之下，他先后两次周游意大利，发掘前辈艺术大师之宝藏。

其一生创作了大量肖像作品，对象既有国王大臣、亲朋好友，亦有平民百姓、下层用人；其人格颇高，于描绘教皇或王公大臣亦无丝毫阿谀之态，描绘侍从、用人亦无轻蔑或不逊，故可见其人品之端绪。

委拉斯开兹乃西班牙17世纪现实主义绘画大师，亦为西班牙17世纪绘画艺术之光荣典范。

（5）维米尔

维米尔（Jan Vermeer）乃荷兰著名风俗画家。代表作有《倒牛奶的妇女》《包头帕的少女》《做花边的女子》和《画家和他的画室》等。其作品多以市民、家庭女主人为主角，描绘其日常之生活细节，却不流枯燥，并富生活之趣。运用色彩，维米尔喜用蓝、黄色调；其作品构图，多注重几何形状，且不愿于细节之上有意刻画，给人以浑然天成之感，作品多以简洁、精练、朴实抑或凝重见长。因其善于表达物态平凡朴实之美，故世人赞其为“描绘宁静生活的诗人”“描绘光影变化的卓越大师”。

### 3. 18世纪欧洲绘画

18世纪的欧洲，封建制日益动摇、衰落，继荷兰、英国发生“资产阶级革命”之后，伟大的“启蒙运动”导致了法国1789年“资产阶级大革命”的爆发——它为资本主义在欧洲的全面发展开辟了广阔道路。由于“启蒙运动”产生了巨大影响，欧洲的18世纪被人们称作“启蒙时代”或“理性时代”。文化艺术中心也自意大利转移到了法国。

在思想极度变革的背景下，欧洲的审美趣味却依然具有顽强而鲜明的特性，在18世纪的文化艺术中，封建统治阶级的艺术理念始终与新兴资产阶级的审美观念发生对峙与碰撞，因而在那一百年间，欧洲的绘画艺术并存着两种不同的艺术潮流——“洛可可艺术”和“市民美术”。

“洛可可艺术”是完全属于上流社会的装饰品与享乐物——它是一种追求艺术效果和装饰感的艺术风格，可以说它是将巴洛克艺术中的“宫廷因素”和“豪华因素”推向了顶峰，但这种风格不像巴洛克在17世纪那样盛行，它仅流行于王宫和贵族府邸，后来影响的面也不是很广。

“市民美术”是一种在“启蒙主义”思想影响下的、于18世纪中叶形成的一种针对平民的艺术风格。它反映的是新兴资产阶级的美学理想和平民百姓的生活愿望，可以说它是一种与“洛可可艺术”完全对立的表现风格。

（1）亚森特·里戈

亚森特·里戈出生于彼尔比尼扬，青年时曾崇拜凡·代克之盛装肖像作品，22岁时到巴黎从事创作；然，其29岁方肯接受王室之预订，因画技高超故而很快饮誉上流社会；31岁被聘为宫廷画师，故其肖像画作及卓越之才方能声名远播。

17世纪，法国尤重肖像艺术。至18世纪初，肖像画已渗入各个阶层，其时所出著名肖像画家，如弗朗索瓦·德·特鲁瓦、拉吉利埃、里戈等人皆为此一时期之杰出代表。

亚森特·里戈继承拉吉利埃之遗风，亦画穿着华丽、服饰高贵的人物，或以神话为体裁，能突显被画者之爱好或气势；其用色鲜艳强烈，造型准确细致，甚而所画者比真人更显高雅，因而大受王公贵族喜爱。

（2）弗朗索瓦·布歇

弗朗索瓦·布歇（Francois Boucher），是继华多之后最能代表“洛可可”风格之画家。他喜欢神话或田园诗，在画中喜借缪斯、狄安娜等女神形象表现娇艳女性之胴体。

人体画在西方有着深厚传统，无一文化能比西洋人对裸体表现有如此持久之兴趣。18世纪，西洋画之裸体女子多不遮掩，表现亦较自然，无东方女性之害羞表情，甚有挑逗之意味。布歇画风即为此类，其人喜用明亮之蓝色、玫瑰色或黄白色，以此类颜色调和而成之肤色足以刺激视者之感官。

《浴后的狄安娜》乃布歇表现女人身体作品中最好的一幅，其技法为法国绘画之骄傲。布歇以蓝色丝绸与女子之肌肤形成鲜明对比，令其肤色有红润、细腻之感。狄安娜即希腊神话中之阿耳忒弥斯，是月神和狩猎之神，为最高神祇宙斯之女，以贞洁而著称。

（3）夏尔丹

夏尔丹乃18世纪法国最伟大的画家之一，亦是西洋美术史上静物画大师。夏尔丹擅长创作风俗画、静物画，其风俗画多表现平民生活；其静物画则尽力将平凡化为优美；其主要作品有《勤劳的母亲》《烟斗与茶具》和《鹞鱼》等。

夏尔丹创作多不加修饰、崇尚自然，喜描绘平常之家庭用品，或日常之生活细节。其质朴之风格似接近伏尔泰、狄德罗等哲人，与其时先进之“启蒙主义”思想相合。

以绘画形式来表现普通市民的生活并能将自然、亲切、朴实之美感表达出来，确属不易，而夏尔丹之画却能使人易感画中温暖及生命气息，此类沉穆、凝重、朴实之画作反愈显醇美动人，使阅者感受其自然而真切之表白——此点正是夏尔丹伟大及动人之处。

（4）弗拉格纳尔

弗拉格纳尔（Fragonard）为追求艺术，曾几经转辗——起初师从平静朴实之画家夏尔丹学画，但老师并未发现他潜在之才华，甚至一度将其看成是无可救药之浪荡子；后来，弗拉格纳尔又从师于画家布歇门下，通过这位师长，弗拉格纳尔找到了其渴望的一切。

《秋千》是为后人所提及最多之作，描绘了在树阴浓密的花园里，衣着华丽的时髦女子荡着秋千——如布歇笔下之狄安娜，所有明亮之光环皆集于该女子一身，粉色衣裙引人起浪漫之遐想；于画面左下角，一青年男子与荡秋千的少妇传递情意，而活泼的小爱神，则目睹了这一现场。构图看似平淡无奇，却能将其中之人物内心表达得淋漓尽致，实是高明之手法。

（5）戈雅

戈雅（Francisco de Goya）出生于西班牙一农民家庭。15岁时在一画家的工作室学习绘画。1776年，只身前往首都马德里，入宫廷挂毯织造厂任设计，画有不少挂毯草图。自1785年起，戈雅任马德里皇家美术学院副院长之职，兼宫廷画师，于此期间，为王公贵族描绘不少肖像。

1789年，"法国大革命"前夕，戈雅艺术创作渐趋成熟，其早期乐天无忧之心情渐为愤怒、激情及冷静所代。其创作之肖像作品中，尤为突出者乃《何维兰诺斯肖像》《斐德南·居耶马赫德肖像》《穿衣的玛哈》《裸体的玛哈》及《伊萨贝尔·柯包斯·德·波赛尔肖像》等。1824年，戈雅侨居法国波尔多，直到1828年逝世。

戈雅乃近代欧洲绘画史上伟大之先驱者，其鲜明“现实主义”画风并“浪漫主义”激情，深刻影响了后来人，或说19世纪浪漫主义及现实主义推崇者，皆从戈雅之绘画中获过启发。

《穿衣的玛哈》与《裸体的玛哈》同为名作，亦是戈雅代表作之一；“玛哈”乃当时西班牙社交场上对名媛淑女之通称。戈雅所画的“玛哈”是谁，众说不一，至今仍无定论。

（6）安格尔

安格尔（Jean-Auguste-Dominique Ingres）乃法国古典主义画派最后一位代表画家。1780年生于蒙特庞省，早年曾向杜尔兹学习绘画，17岁时到了巴黎，师从著名画家达维特，深得赏识。

1806年，安格尔赴意大利，1824年方回巴黎；

1834—1841年，其再度赴罗马，深研文艺复兴时期意大利古典大师之作品，就中首推拉斐尔。受老师达维特及意大利古典艺术之启发，安格尔对古法典绘画理解更为精确。此后，当其师流亡比利时，便成为法国“新古典主义”之代表人物。

虽为19世纪“新古典主义”之楷模，安格尔并非照搬古贤之样式，乃取融会贯通、取长补短之手法，将古典艺术造型美之精髓加以吸收、融化，并用自然之风格融入写实中，故而形成其洗练、单纯之画风；其多以“静穆伟大、崇高单纯”为创作原则，故而其作品多能达到构图严谨、色彩单纯、造型典雅之特点，尤其于人体美之作品中表现突出，如《泉》《大宫女》《瓦平松的浴女》(或名《浴女》)《土耳其浴室》等。

安格尔绘画必强调骨骼，而肌肉次之，其认为肌肉画得过于精确易使造型失真，乃到庸俗，此为美学中重要之理论。安格尔崇尚自然，创作中往往不事雕琢，欲将自然形象与古典造型完美结合，又无造作与刻意，且经精练之笔法表达，故无神秘之虚构或信仰之成分，乃纯粹之艺术创作。

或许，画家想寄眷恋于青春形象，或向往隽永与安宁；其笔下之裸体，无纤毫之浮夸与做作，摒弃一切非自然之流露，故而创造之美感人至深，必将流传亦久。

《泉》是其盛名之作，代表安格尔的艺术顶峰。而此画创作颇为不易，此画是其1820年在意大利创作，而到1856年在巴黎方完稿，前后历时三十六年，不可谓不难得也！

此画原名《维纳斯》，后经数十年之漂泊，修改多次；又将秀发修改为倒倾之水瓶，使之成为具有"古典主义"象征之名作。

（7）德拉克罗瓦

德拉克罗瓦乃法国浪漫主义代表人物。其艺术继承了文艺复兴以来，威尼斯画派、伦勃朗、鲁本斯和康斯太勃尔等大师之成就，对后世画家颇具影响。

德拉克罗瓦17岁拜格朗为师学习绘画，后入美术学院。1822年，受席里柯《美杜萨之筏》之启发，创作了著名画作——《但丁之舟》。于1816至1823年间，师从"新古典主义"画家皮埃尔桂安恩。其作品颇具鲁本斯之风格。

1824年，以巨作《希阿岛的屠杀》令人瞩目，从而成为“浪漫主义”画坛之主将，与以安格尔为首之古典主义画派相抗衡。后陆续创作出《萨尔纳塔帕尔之死》《十字军进入耶路撒冷》《马利诺 · 法利罗的死刑》等“浪漫主义”巨作，其画惊人心魄，颇具震撼力。

此人善用色彩，其造型之精巧可与提香或鲁本斯相媲美，作品极富浪漫气息和表现力;《自由引导人民》即是作者为实现共和、争取民主以及自由而创作，体现出革命意识及精神，又不失浪漫氛围。

（8）米勒

米勒（Jean Francois Millet）乃法国杰出画家，“巴比仲画派”之代表。其一生多半定居乡村，作品多为农民勤劳朴实之生活写照，其画作《拾穗者》《晚钟》《播种》，素有“农村三部曲”之称；除此之外代表作尚有《扶锄的农夫》《樵夫之死》《喂食》《母与子》等。其所绘之人物皆不强调面部表情，或描述特定之景象，而以典型之姿态表现出其对农民深厚的感情，及对大自然的热爱与赞美。其素描用笔似断似续，线条浑厚而淳朴，亦不乏抒情之内涵，善于表达艺术语言，而作品以亲切、感人为特点；因贫困之故，其作多为小幅油画或素描作品。

# 浅谈国画

## 缘起

应诸位同学盛情相邀，于此讲谈国画历史与绘画之技巧，朽人只好勉而为之，权当与大家共学吧！

我国绘画技法堪称“一宝”，与书法并称“双绝”。只是，国画不似西洋画易于保存，多因国画绘制于易碎的纸或绢上。

两汉时期，我国艺术可称谓“大家风范”，但那时的艺术多为壁画，只可观摩，不易携带，不似西洋画之木板或布等材质易于流传。

两汉时期的艺术，材质多是石材或陶瓷、砖瓦，艺术水平极高，但多为笨重之材质，故可遇不可求，临摹亦不易得。

至隋、唐之时，因国富民强、文化兴盛，故艺术成就亦高，我国艺术方至前所未有之顶峰。当时的绘画艺术延续了雕刻之艺术技法，创作作品多以宗教题材、人物肖像画成就最大，亦开“山水画”之先河。

及至宋、元，则为我国绘画艺术之巅峰期，其中尤以山水画为代表，花鸟绘画成就亦不俗。至明代时，绘画作品则以花鸟为卓著。清朝一代，则将山水画发挥到极致，风格倾向写意，虽寄托自然景观之写实，然而重在体现自我之心境，故而流派纷起、大师并出，大有百花齐放之势。

以下，朽人就一些名家或名画加以简述与评析，以供同学欣赏，我们先从隋唐开始讲起。

1. 隋唐时期

（1）展子虔

展子虔，渤海（今山东阳信）人，是北周末年、隋朝初年的大画家。他曾经历北齐、北周，最后在隋朝担任朝散大夫、帐内都督等职。

展子虔擅长画人物、山水及其他杂画，在绘画技法上几乎无所不能。其对人物的描绘相当细致，喜以色景染面部。他亦善画马，所画之马以神态逼真见长——如画立马更有足势，若画卧马则腹有腾骧起跃之势，与当时的大画家董伯仁齐名。所绘山水，能就远近，有咫尺千里之势。

他曾在洛阳天女寺、云花寺，长安灵宝寺、崇圣寺等处所绘制佛教壁画，作品有隋朝官本《法华变相图》《长安车马人物图》《白麻纸》《弋猎图》《南郊图》《王世充像》《白描》等六卷，收录入《贞观公私画史》之中；还有《朱买臣覆水图》《北齐后主幸晋阳图》《维摩像》等画迹，收录入《历代名画记》中；又有《北极巡海图》《石勒问道图》等二十余幅，收录入《宣和画谱》中。

他传世之作有《授经图》《游春图》。据称，《游春图》乃我国现存最古之卷轴山水画。

（2）阎立本

《步辇图》所绘之景为唐太宗召见吐蕃使者。

画中，太宗威严平和，端坐于宫女所抬的步辇上；红衣虬髯者为宫中执掌礼仪之官员，其后着藏服者即为吐蕃使者。

此画的作者阎立本是唐代画家，陕西西安人氏。其父阎毗及其兄阎立德都擅长绘画及建筑。而立本则擅长绘画人物、车马和楼阁，后人有称为“丹青神化”“冠绝古今”之誉言；其传世之作有《步辇图》《历代帝王图》《萧翼赚兰亭图》。

《步辇图》记录了一千二百多年前，汉族的文成公主和藏族的松赞干布联姻的重要历史事件。此画特色在于，画家将人物的仪态与身份、气质与心境刻画得至为鲜明，尤其是衣纹展现圆转、流畅至为突出，人物之五官亦勾画精细。其中，人物的发式与服饰颇具初唐时期之特点。

（3）周昉

周昉，京兆（今陕西西安）人，唐代画家，字景玄，又字仲朗；出身显贵家庭，先后官越州、宣州长史。

此人一生性情直爽、好学不倦，擅长仕女画。初学张萱，后取长而自创；其绘画多为贵族妇女，所画人物多优游闲佚、容貌丰满、衣褶劲简，且色彩柔和艳丽，为当时宫廷贵族、士大夫之所重。后来，唐德宗李适闻其名，诏至章明寺绘画，经月余始成，德宗推为“第一”。他所绘制的、具有华丽优美的“水月观音”像颇具特色，雕塑者多仿效之，世称“周家样”。

其传世作品有《簪花仕女图》《挥扇仕女图》等。

《簪花仕女图》以四位贵妇人为表现，分“戏犬”“漫步”“看花”“采花”四个情节；而中间穿插一持扇侍女，侍女形象较小以示其身份，与贵妇人形成身份对比，其中人物发型、眉毛及体态都以丰腴肥硕为主，故能体现唐代之审美风尚，勾线流畅、笔画有力，色彩也很艳丽丰富，突显出肌肤之质感和服饰的轻薄感。

（4）李思训

李思训，成纪（今甘肃天水）人氏，是唐朝皇亲宗室，后官至右武卫大将军，封“彭国公”。

他是唐代杰出的书画家，工书法、绘画，尤擅长绘画山水树石，其笔力遒劲、格调细密，喜写“云霞缥缈”之景色，鸟兽草木皆能穷其姿态，亦爱用神仙故事点缀幽曲、寂静之岩岭。他喜以青绿为质、金泥为纹的山水画，作品多富装饰性。

他的绘法技巧源于隋代的展子虔，并继承和发展了六朝以来以“色彩为主”的表现形式，玄宗皇帝曾评其画作为国朝山水第一，“列神品”；明代大画家董其昌更推他为“北宗”山水画之祖。唐代张彦远总结说“山水之变始于吴（道子），成于二李（李思训、李昭道父子)”。其子李昭道亦擅山水，人称其父子为“大、小李将军”。其传世的画作有《山居四皓图》《江山渔乐图》《群峰茂林图》等，收录入《宣和画谱》。

《江帆楼阁图》所绘长松秀岭，翠竹掩映，群山层叠，朱廊碧殿，江天阔渺，风帆近流，有着唐朝衣冠者四人；此画融山水树木与人物，既自然又交相辉映，一派春光景象；画中山石用墨线勾勒轮廓，后以绿色渲染，不作皴擦；所画松树以交叉取形，整体则势态葱郁；他用笔工整，山石青绿，着色艳丽，安岐评之为“傅色古艳，笔墨超轶”，表明山水画到这一时代已趋成熟。

（5）王维

王维，自幼聪颖，据载他九岁即能作诗写文，后成为唐开元、天宝间的著名诗人；其人书法工于草书、隶书，亦熟娴丝竹音律，擅长绘画，乃多才多艺之才子；其青年时便已名享京师，甚得皇族王公之敬重。唐人薛用弱《集异记》就有记载：“王维右丞，年未弱冠，文章得名。性娴音律，妙能琵琶，游历诸贵之间，尤为岐王之所眷重。”

王维对于绘画的贡献有二：一是融诗情于画中，

开创了绘画新篇章，延至宋代，形成一种“诗中有画，画中有诗”的“诗情画意”风格。二是突破“金碧山水”之局限，初步奠定我国“水墨山水画”之基础，而至元、明、清三代发展为最重要之绘画形式，故他被后人尊为“文人画南宗之祖”。

《伏生授经图》卷所绘为汉代的伏生授业的情景，亦是人物肖像画。所绘人物形象逼真、清癯苍老，所用笔法清劲有力。此画无画家之自款，但画上有南宋高宗所题“王维写济南伏生”般字样。秦始皇统一天下后，曾接受丞相李斯的建议，而采取了“焚书坑儒”的手段以统治人心，诸多宝贵之书籍顿遭损毁。

伏生，济南人，原为秦博士。据说当时焚书时，伏生冒生命之危保存了《尚书》，汉文帝为求能治《尚书》之人而知伏生，其时年已九十余，不便行使，故汉文帝遣晁错前往受教，得文二十八篇。此画上有南宋高宗题的“王维写济南伏生”字样。

王维崇信佛教，性喜山水，其诗多以山水、田园为内容，所绘物景颇为传神，笔法精深入微；晚年隐居蓝田辋川，过着吟诗作画、谈禅说佛的隐逸生活。此人兼通音乐，工书法，精绘画，擅画平远之景致，喜以“破墨”手法绘制山水松石，北宋苏轼赞其“诗中有画，画中有诗”，其有“不衣文采”之创作理论，对后世文人画影响甚大。

（6）李昭道

李昭道，甘肃天水人，字希俊，唐代著名画家。曾任太原府仓曹、直集贤院等官职，后官至太子中舍。

李昭道继承其父李思训之长，亦擅长“青绿山水”的绘画创作，世称“小李将军”。亦擅绘画鸟兽、楼台、人物，并创“海景图”。其画风巧妙精致，虽“豆人寸马”，也画得“须眉毕现”。由于画面繁复，线条纤细，论者亦有“笔力不及思训”之评。主要画作有《海岸图》《摘瓜图》等作品，收录入《宣和画谱》。

《明皇幸蜀图》描绘了“安史之乱”时唐明皇逃往四川避难的情形。画家有意加强了春天山岭间之诗意，于层峦叠嶂描绘飘浮白云，树木亦秀丽动人；此画之妙处在于，人物虽小却分毫可辨，能使观者轻易分辨人物之身份。

我国国画之类别和技法，可分人物、山水、花鸟；其中，人物画是历史上最早形成的画科，早于山水与花鸟。大家皆知西洋画注重造型，而国画注重传神，可谓不注意精确之造型“由来已久”。我国最早创作的人物画，多重人物之刻画，力求逼真、传神，讲求气韵之灵动，形神要兼备，故古代论画著作中称其为“传神论”（顾恺之）。

而分门别类中，人物画又分为道释画（宗教画）、仕女画、肖像画、历史故事画等。历代之著名代表画家，有东晋的顾恺之，五代的顾闳中，宋代的李唐，明代的仇英、唐寅，清代的费丹旭等大师。

2. 宋元时期

（1）夏圭

夏圭，南宋画家，宋宁宗时任画院待诏。初学人物画，后改绘山水；他将范宽、李唐的斧劈皴进一步发展，创立了“拖泥带水皴”；其创作时除师法李唐而讲求阳刚之风外，更讲究水墨淋漓、清明透逸的效果，与马远同为“北方山水画派”之杰出代表。宁宗时为画院待诏，赐金带。画人物酝酿墨色如傅粉之色，笔法苍老，墨汁淋漓；所画雪景，全学范宽。画院中人凡画山水的，自李唐以下，无出其右者，与当时大画家马远齐名，故称“马夏”。

他喜以长卷横幅表现情景，而画面变化亦十分复杂，多以线、面或干、湿等手法互用，皴法也十分丰富，故艺术效果极强。其创立的“拖泥带水皴”法，在当时不仅对南宋绘画有所影响，而尤其对后世“文人画”的表现形式影响更大，且后人在继承其法的基础上，不单用在人物画上，花鸟画中亦被广泛运用。

夏圭的画法多受佛教禅宗影响，故他主张“脱落实相，参悟自然”，趋向“笔简意远，遗貌取神”的效果。充分表现出了虚实和空气感，用笔清劲，简练概括，简劲苍老而墨气明润，给人浑厚朴实、明朗俊秀的印象。明代王履曾赞曰：“粗而不流于俗，细而不流于媚；有清旷超凡之远韵，无猥暗蒙尘之鄙格。”明代大画家董其昌虽对“北宗”山水颇怀偏见，却对夏圭十分折服，说“夏圭师李唐而更加简率，如塑工之所谓减塑者”。

夏圭更善于表现烟雨朦胧的江滨湖岸景色，其点景人物亦简括生动，楼台等建筑物不用界尺，信手而成，取景剪裁极为精练。亦喜用一角半边的构图，故有“夏半边”之说。山水构图喜欢大胆剪裁，突破全景而仅画半边之景，时人称为“夏半边”；南宋宁宗时任画院待诏，曾受到皇帝赐金带的荣誉。

代表作有《溪山清远图》《山水十二景》《江山佳胜图》《西湖柳艇图》《观瀑图》《梧竹溪堂图》《烟岫林居图》《松崖客话图》《钱塘秋潮图》等，其中《钱塘秋潮图》，描绘的是钱塘江秋潮初至，浪涛翻滚奔腾之情景，左边山上有座塔，当为观潮的最佳地点，通过潮水和近山的比例，我们易于体会潮水之势，给人来势凶猛之感。而整幅画面色彩鲜丽、清秀明朗，图中的树、石、浪潮全用中锋勾勒，视觉上明快刚劲，似有跳跃之感，就是“马夏画派”的典型风格。

（2）米芾

米芾所处的时代，正是画院写实派山水画大行其道之时，而他却只想表达心中的“意气”，以天真、颠狂手笔来表现山石的面貌，故能在画面上自由发挥，因他这类举止类同“颠狂”，故人称“米颠”。

米芾能诗文，擅书画，精鉴别；行书、草书得力于王献之，用笔俊迈，世人评为“风樯阵马，沉着痛快”，他与蔡襄、苏轼、黄庭坚合称“宋四家”。米芾画山水，出自董源，天真发露，不求工细，多用水墨点染，自谓“信笔作之，多以烟云掩映树石，意似便已”。其子米友仁亦是画家，师承其画法，自称“墨戏”，画史上称“米家山”“米氏云山”，因其传承而有“米派”之称。

他亦画梅、松、兰、菊等花卉画，晚年兼画人物，自称“取顾（恺之）高古，不入吴生（道子）一笔”。米芾好模仿名迹，能以假乱真；并以行、草书最著，博取前人所长，用笔俊迈豪放。《宣和书谱》论其书“大抵初效羲之”，自谓“善书者只有一笔，我独有八面”。

他传世作品甚多，主要有《苕溪诗》《蜀素帖》最为著名。《蜀素帖》为米芾书法精品，为他38岁时所作，其书法苍老凝练、行笔涩劲、沉稳爽利、清雅绝俗，可谓“超神入妙”。其书体为“二王”及唐、五代书风之延续，但与前人书法无一相似之处，是米芾自家风格之明证。明画家董其昌题跋曰：“米元章此卷，如狮子捉象，以全力赴之，当为生平合作。”

（3）米友仁

米友仁是米芾长子，故人称“小米”，早年即以擅长书画而知名，宋徽宗宣和四年（1122），应选入掌书学。南渡后官提举两浙西路茶盐公事、兵部侍郎，敷文阁直学士，世称“米敷文”。

其为继承家学，少即以书画知名，擅画云山，略变其父之风格成一家之法。所绘画作，多以云烟变灭为法度，而风格看似草成，实则法度森严，自称“墨戏”；且性格耿直、不附时风，自重为珍。善书法，“酷似乃风，亦精鉴赏”，但自有自家风格。

《潇湘奇观》为米友仁所绘山水画之代表作。图绘江边雪山、云雾变幻的奇境；只见浓云翻卷，远山坡脚隐约可见，随云气之游动变化，山形可隐可显。群山重迭起伏，远处峰峦终于出现于白云中；中段主峰耸起，宛如尖峰起伏；林木疏密，远近、层次清晰，显露真实；但末段一转山色，隐入淡远之间，体现自然界之造化神奇。

此画作者以“没骨法”取代隋唐北宋以来之“双勾法”，给人以自然美之印象，改变了山水画的形象和表现手法。作品主要运用泼墨法和破墨法，依仗水墨的晕染来塑造形象，很少用线勾勒，浓淡、虚实的墨色，使景致时隐时显，忽明忽晦，朦胧又富变化，故时人谓他“善画无根树，能描朦胧云”（汤垢《画鉴》），笔与墨之巧妙结合，使得米氏之云山兼具“滋润”与“沉郁”之特色。

（4）赵孟頫

山水画，是指以山川河流等自然景观为主体的绘画，其最早只是作为人物画之背景而创作，后独立成一支最能代表国画艺术成就之画种。山水画注重整体构图效果，尤其以位置之摆放、神韵之表达，以及笔墨之浓淡为要点。

就风格之不同，又分水墨山水、青绿山水等小类。历代代表之人物有：唐之李思训；宋之李成、范宽、董源；元之黄公望、吴镇、王蒙、倪瓒；明、清二代之董其昌、王时敏、王鉴、王原祁、石涛、八大山人等名家。

赵孟頫，元代书画家、文学家。字子昂，号“松雪道人”“水精宫道人”，中年曾作孟俯，浙江湖州人氏，宋宗室之后裔。宋亡后，隐归乡里闲居。元世祖忽必烈搜访宋朝“遗逸”，经程钜夫荐举，始任兵部郎中，又官至翰林学士承旨，封“魏国公”，谥“文敏”。

赵孟頫精通音乐，善鉴定古物玉器，其中以书法、绘画成就尤高。山水画取法董源、李成；人物、鞍马师法李公麟和唐人；亦工墨竹、花鸟等画，所画风格皆以笔墨圆润苍秀见长，以飞白法画石，以书法用笔写竹，力主变革南宋院体格调，自谓“作画贵有古意，若无古意，虽工无益”，遥追五代、北宋法度，有评论谓“有唐人之致去其纤，有北宋人之雄去其犷”，遂开元代之新画风。

赵亦善诗文，其诗之风格以和婉为色；兼工篆刻，尤以“圆朱文”著称。传世画作有《鹊华秋色图》《红衣罗汉图》《幼舆丘壑图》《秋郊饮马图》《江村渔乐图》等。

《红衣罗汉图》所绘，身着红色袈裟的罗汉盘腿坐于树下青石之上，左手前伸，神态安详，正在讲授佛法的情景。图中罗汉颇似西竺僧人，据悉他常与西域僧人往来，故能对西域人之神态特征刻画入微；其人物造型取法于唐之阎立本，即以铁线描勾勒，且用笔凝重，苍劲有力，人物形象逼真。

3. 明代时期

（1）戴进

戴进，明代画家，号静庵，浙江杭州人。少年时当过金银首饰学徒，后改学绘画，刻苦用功，画艺大进，宣德年间供奉宫廷，因画艺高超而遭妒忌，遂被斥退。后浪迹江湖，卖画为生。

他擅长山水、人物。其山水画师法马远、夏圭，并取法郭熙、李唐，多是遒劲苍润手法；用笔劲挺方硬，水墨淋漓酣畅，发展了马远、夏圭传统。

人物画师法唐宋传统，兼长二笔、写意；工笔用铁线描和兰叶描；写意从马远变化而来，笔墨简括；花鸟画工笔、写意、没骨诸法皆善长。人物佛像则能变通运笔、顿挫有力。

其画作在明中期影响较大，追随者甚众，人称“浙派”，逐成明代前期画坛之主将，后世推他为“浙派”创始人。传世之作有《春山积翠图》《风雨归舟图》《三顾茅庐图》《达摩至慧能六代像》《南屏雅集图》《归田祝寿图》《葵石峡蝶图》《三鹭图》等。

（2）唐寅

《落霞孤鹜图》，是唐寅所绘山水画的代表作。画面表现的是：崇岭峙立，几株柳树亭立，半掩水阁台榭，下临江水；阁中一人独坐眺望，旁有童子侍立。不远处，落霞孤鹜，烟水微茫，故画中景观辽阔优美。

此画技法工整，山石用湿笔点染，故线条流畅，风格潇洒俊秀，突显飘逸；画上自题诗是借王勃之少年得志，来为自己坎坷不平之遭遇而吐不愉。此画风格近于南宋院体，为他盛年得意之作。

唐寅出生于商家，故地位较低。其幼年即能刻苦学习，11岁显出过人之才，并能写出一手好字。16岁中秀才，29岁参加乡试，获“解元”（第一名）。次年，赴京会考，与他同路赶考的江阴地主徐经，因暗中贿赂主考官的家僮而事先得知考题，但事情败露。唐寅亦受牵下狱，遭受凌辱。此后，自负的唐寅对官场产生反感，自此，性格、行为流于不羁，后在好友祝允明规劝下发奋读书，决心以诗文书画终其一生。

唐寅性格狂放不羁，在绘画中则独树一帜，自成一家；其行笔秀润缜密，颇具潇洒清逸之韵味。他的山水画多表现为雄伟险峻、楼阁溪桥、四时朝暮的江山胜景；有时亦描写亭园幽境中文人逸士的悠闲生活。其山水画大幅气势磅礴，小幅清隽潇洒，题材多样。其人物画多写古今仕女或历史典故。其传世的画作有《王蜀宫妓图》《落霞孤鹜图》《事茗图》《看泉听风图》等。

（3）陈淳

陈淳，明朝画家，江苏苏州人，字道复，号白阳，又号白阳山人。曾学画于文徵明，后不拘师法；又法米芾、黄公望、王蒙。其山水较文徵明疏放开阔，盖学米友仁而致笔迹放纵也。其尤擅长水墨写意花鸟，开明代写意花鸟画之新局面。

前面讲过山水画，此处再讲一讲花鸟画之特色。花鸟画，亦是国画一大分类。泛指以花卉、鸟、兽等动植物为主体的绘画。此类创作之体裁，产生年代较人物、山水为晚，多讲求精细或趣味，刻画以精巧、传神为主。

画花鸟就表达形式的不同，又分为工笔花鸟及写意花鸟二类。以表现手法而言，国画主要以写意或工笔，或二者兼顾为主，但以讲究意境深远、气韵充实、画面传神为创作手法。以线条勾线传神、着色自然为特点，总以和谐为主旨；另以独特之手法，以印章为点缀，以达平衡、增韵为独创，是为东方绘画之魅力所在，更显完美，此为西洋画之所无。

大写意，即以张条疏散、施墨粗放为特点，削繁为简、遗形取神为手法，创作者多为泼墨粗画。小写意，即以简练归融为特色，多强调笔墨中之情趣，不苟求惟妙惟肖，但求整体气势与着色。工笔，是与写意不同的手法，与写意相反，多求刻画精确，要求工整、细致，乃至细节明确、刻画入微，手法以细腻、准确为度。

（4）仇英

仇英，明代画家，字实父，号十洲，太仓（今属江苏）人，后定居苏州。其出身工匠，后从周臣学画，因文徵明之推赞而知名当时，以卖画为生。

仇英擅画人物，尤长仕女。工于设色，又善水墨、白描，能运用不同笔法表现不同对象。刻画之人物形象，或圆转流利，或劲利有力，皆为精工、妍丽之作，世人有“周昉复起，亦未能过”之评。他的山水画多学赵伯驹、刘松年，所画青绿山水之作，多呈细润而风骨劲峭，亦善绘制花鸟。晚年客居于收藏家项元汴家，摹仿历代名迹，据称“落笔乱真”。

仇英在当时名家周臣门下学画，曾用心临摹古代佳作，因刻苦及天赋不凡，故而技艺大进，成就卓著，因而与沈周、文徵明、唐寅并称“明四家”或“吴门派”。

他所创作的题材很广泛，擅写人物、山水、车船、楼阁、界画等场景；尤擅长于临摹，技法之中，工笔、写意、白描俱佳；画风细腻工整、色彩华丽，取古德之长而又能化为己用、自成一格。

其传世作品有《春夜宴桃李园图》《柳下眠琴图》《桃村草堂图》《剑阁图》《松溪论画图》和《玉洞仙源图》。

《春夜宴桃李园图》描绘了李白“春夜宴桃李园”的故事，是历来众多画家偏好的题材。前人一般着眼于“欢歌”和“夜游”的情景，而这幅图的作者却表现“幽赏未已，高谈转清”的时刻——李白与友人于庭园中秉烛而坐、饮酒赋诗……身后有侍从、乐女相伴。其中，人物刻画传神，所勾勒的线条也是十分地秀丽婉转。

（5）董其昌

董其昌，华亭（今上海松江）人氏，明代著名书画家、书画鉴赏家兼书画理论家。字玄宰，号“思白”“香光居士”，人称“董华亭”。万历进士，授编修，官至礼部尚书、太子太保，谥号文敏。

他的书法，先从颜真卿，后学虞世南，再后，又觉唐书不如魏晋，转学钟繇、王羲之，并参以李邕、徐浩、杨凝式等笔意，自谓“于率易中得秀色”，其书法分行布白、疏宕秀逸，颇具个人特色，对明末清初的书风影响很大。

董其昌擅画山水，师法董源、巨然，以元代黄公望、倪瓒为宗，成为集历代画家之大成者。但重写意，不重写实，所画丘壑变化较少，而讲究笔致、墨韵，画格清润明秀、灵静飘逸。论画标榜“士气”，将古代山水画家仿禅宗而分为“南宗”“北宗”，并推崇“南宗”（如王维者流）为文人画正脉，形成崇“南”贬“北”之己见，其说影响明代以后的画坛；又提倡作画须“读万卷书，行万里路”，此调对后世论画亦影响较大。

此人才华俊逸，好谈名理，善鉴别书画。书法出颜真卿，后遍学魏晋唐宋诸名家，并融诸家之长自创风格；其行书古淡潇洒，楷书则有颜真卿之率真韵味，草书植根于颜真卿的《争坐位帖》《祭侄文稿》，兼有怀素之圆劲和米芾之跌宕。与邢侗、米万钟、张瑞图合称“明末四大家”，对明末清初书风影响很大。

其书法结体宽绰，取颜真卿之布白而不强作恢弘，取米芾之“奇宕潇散，时出新致，以奇为正，不主故常”，故而笔势潇洒随意。传世之作有《秋兴八景图》《山庄秋景图》《昼锦堂图》等。

4. 清代时期

（1）吴宏及国画之装裱

吴宏（宏，一作弘），清代著名画家，字远度，号竹史，江西金溪人，长居江宁（今南京）。

其人诗书均精，自幼喜爱绘画，笔墨得诸家之长而能出己意，纵横放逸。

吴宏乃“金陵八家”画派中的一员。他曾在顺治十年游黄河，归来后笔墨一变为纵横放逸，改变以前的风格；书中说他“偶画墨竹，亦有水墨淋漓”之致。他的传世作品有《柘溪草堂图》《水榭待客图》《山村樵木图》等。

他的《柘溪草堂图》描绘的是，坐落在白马湖东岸树丛中的小村、主人的优雅住所——柘溪草堂。因为环境太美，以至于主人邀请画家将它描绘下来，并将其日常的生活表现于中，使此画成为得意之作。我们可以看到，村前有一座小桥，湖水环绕着村庄，树林里的楼台面对湖水，主人或来客可登楼远眺，或与客人相对而坐、侃侃而谈，有如置身世外桃源。

方有同学问及国画的装裱，此处再略讲一些国画装裱之相关知识。由于国画多绘于易于破碎、变形之宣纸或绢物之上，故我国国画均须在背后用纸托裱，以绞、绢、纸等镶边后装上轴杆，以便保存留传。我国绘画装裱技术距今已有千余年的历史，在传统的意义上，国画装裱后才算是一幅完整的作品。

①立轴

立轴是国画中装裱的一种式样。中间部分叫“画心”（又名“画身”），上面称“天头”，下面称“地脚”。上、下又有“隔水”。装裱尺寸四尺以上的称为“大轴”，俗称“中堂”；特大的称为“大堂”或“大中堂”；三尺以下的画幅称“立轴”。上装天杆，下装轴。有的天头贴“惊燕带”（又称“绶带”），这种格式盛行于北宋宣和年间。“画心”上、下端加镶锦条，称之为“锦眉”。

②册页

册页是中国书画装裱的一种式样。因画身不大，亦称之为“小品”。有正方形，也有长方形、竖形或横形；有推蓬式、蝴蝶式和经摺式三种；也有裱成单片的，称之为“散装”。一般册页均取双数，少则四开、八开、十开，多则十二开、十六开或二十四开。册页外镶边框，前、后添加副页，上、下加板面。这样，欣赏、携带、保存、收藏就比较方便了。

③屏条

屏条，中国书画装裱的一种式样，由于画身狭长，所以有装裱成屏条形式的。屏条单独的称为“条屏”；四幅并排悬挂的称为“堂屏”或“四季屏”；也有四幅以上乃至十二幅、十六幅的，这些都是成双的完整画面，称为“通景屏”或通屏。

④手卷

手卷也是装裱式样中的一种，也称“长卷”或“图卷”。外面有“包首”，前面有“引首”，中间是作品；紧连作品两边的叫“隔水”，后面有“拖尾”。“包首”的上面贴有“题签”。历代名画如北宋王希孟的《千里江山图》，张择端的《清明上河图》，元代黄公望的《富春山居图》等，都是手卷的装裱式样。

（2）石涛

石涛是明朝靖江王朱赞仪的第十世孙，父名朱亨嘉，曾于南明隆武时在广西自称“监国”，后被俘遭杀，其时年尚幼小。他本来是明末皇族，未满十岁家庭惨遭变故，于是削发为僧，四处流浪；他法名叫原济，亦作元济（后人误传为“道济”），号石涛，又号苦瓜和尚、大涤子、清湘陈人等。

他因逃避兵祸，四处流浪，得以遍游名山大川，而悟大自然之奇妙造化，至清康熙时期，其名已传扬四海，他曾两次在扬州为康熙帝接驾，并奉献《海晏河清图》，晚年与王公贵族亦交往较密。

石涛所画山水、兰竹、人物等，讲求创意，构图善于变化，笔墨恣肆，意境新奇，一反当时仿古之风，王原祁评他为“大江以南，当推石涛为第一”。他的画作对扬州画派及近代中国画影响很大；兼工书法和诗，对画论尤有深入研究，所著有《苦瓜和尚画语录》（其手写刻本，名《画谱》）较为有名。

其一生遍游名山大川作画写生，“搜尽奇峰打草稿”，为明清时期最富创造性的一代大画家。他作画构图新奇，无论是黄山云烟、江南水墨，还是悬崖峭壁、枯树寒鸦，总能力求新奇，意境清新悠远，尤善用“截取法”以传深邃之境；石涛还讲求气势，故其笔势恣肆、淋漓洒脱而又不拘小疵，有豪放之态，以奔放见胜。

石涛善用墨法，枯湿、浓淡兼融并施，尤喜用湿笔，通过水墨的变化与笔墨的相融，多能表现山川之氤氲气象，或意境深远、厚重之态；有时用墨浓而显墨气淋漓，有时运笔酣畅流利或加方拙之笔，于是方圆结合以显朴实，秀拙相生而露清新。

他擅画山水，主张应细心体察大自然之景观，领会于心而下笔如有神助，笔墨“当随时代”而绘；画山水者应“脱胎于山川”“搜尽奇峰”，进而“法自我立”，《黄山八胜图》即是其代表作之一。石涛的传世作品有《搜尽奇峰打草稿图》《黄山八胜图》《海晏河清图》等。

（3）八大山人

八大山人原名朱耷，清初著名画家。字雪个，号个山，后更号为个山驴、八大山人等，江西南昌人，明朝皇室之后。清初之时隐其姓名，隐居在南昌青云谱道院。

八大山人经历明清之际天翻地覆的时局变化，且自身从皇室沦为逸民，并为避害而出家，可见其饱经苦难；其诗文书画出众，但因家破国亡之故，装聋作哑，从其作品中可略见其心之悲怆。

朱耷擅画水墨花卉禽鸟，笔墨简括凝练、形象夸张、意境深刻；所写山水，画境冷清、枯寂；其水墨画技法对后世写意画影响很大；他的山水画及花鸟画，多所体现其内心孤寂遁世、清高自赏的风骨和性情品格，丝毫不比他的花鸟画逊色。兼有豪情纵逸的雄健风格、朴茂酣畅的凝重情意和生拙涩秀的奇特韵味，然而虚淡中含意多，蕴涵深刻。

《山水图》亦名《秋林亭子图》，写秋数茅亭、地老天荒之景，笼罩着一派荒凉静寂、无可奈何的气氛，有一种苦笑不得的枯索情味。

八大山人书法成就颇高，致使将其画名掩盖，知者不多。其书法，行楷学王献之的淳朴圆润，并自成一格。其所写书体，以篆书之圆润施于行草，自然起落，以高超的手法将书法的落、起、走、住、叠、围、回等技巧藏蕴其中，且能不着痕迹。古人谓之“藏巧于拙，笔涩生朴”，由此可知八大山人书法之妙，世之少见。

能窥山人之书体全貌的，莫过于《个山小像》中其所题字——他以篆、隶、章草、行、真等六体书之，可见其功力之深，世间罕见伦比者，可谓集山人书法之大成。其晚年时，书法达其艺术成就之巅，草书亦不再怪异、雄伟，如其所写之《行书四箴》《般若波罗蜜多心经》等，平淡无奇、浑若天成，无丝毫修饰，静穆单纯，似超脱凡俗、不着人间烟气，是书家所爱之珍品。

（4）邹喆及国画之技法

邹喆，清代画家。字方鲁，江苏吴县人。自幼随父亲客游金陵，其画宗法于其父。其山水画稳重而有古气，富简淡清逸、超绝脱俗之情趣，兼长水墨花卉。此画设色清雅，笔墨精练，画面意境清旷，笔墨秀润峭利，至令景物清隽生动、形象逼真。传世作品有《崇山萧寺图》《松林僧话图》《山水》等。

《崇山萧寺图》描写崇山峻岭山坳间，有寺院深藏幽静处，山脚下有水竹村庄、村舍错落；旁边溪回路曲、小溪蜿蜒；另板桥横跨，设色清雅，故而画面生动。其笔粗犷苍劲，又不失清淡超逸之趣，确属佳作。

最近，有同学来问国画技法，余在此略述一些。我国国画的技法自古流传的不少，但常用者或有独特之处归纳如下：

①十八描

十八描指人物画中衣服褶纹的描绘方法，又有“古今描法一十八”之称。此法在明代周履靖的《夷门广牍》和江珂玉的《珊瑚网》中有讲述，简称“十八描”——即高古游丝描（顾恺之）、铁线描、行云流水描、马蝗描（又名“兰叶描”，马和之）、钉头鼠尾描（武洞清）、混描、撅头描（马远、夏圭）、曹衣描（曹不兴）、折芦描（梁楷）、橄榄描（颜辉）、枣核描、柳叶描（吴道子）、竹叶描、战笔水纹描、减笔描（马远、梁楷）、柴笔描、蚯蚓描。

②双勾

双勾就是用线条勾描物像的轮廓，又名“勾勒”。因其基本是用左右或上下两笔勾描合拢，故又名“双勾”，多用于工笔花鸟画。

③白描

白描指用墨线勾描物体而不加色彩的一种手法。唐代的吴道子、北宋的李公麟、元代的赵孟頫等都是白描的高手。

④皴法

皴法指一种表现山石、树皮纹路的用笔方法。对历代画家根据山石的不同结构、质感、树木的纹理所创造的表现形式，是后人根据前人的经验以及对大自然的体会所总结的不同手法。而历代下来，皴法主要有以下几种：披麻皴（董源、巨然）、直擦皴（关仝、李成）、雨点皴（范宽）、卷云皴（李成、郭熙）、解索皴、牛毛皴、荷叶皴（赵孟頫）、长斧劈柴皴（李唐、马远）、鬼脸皴（荆浩）、拖泥带水皴（米芾）、折带皴（倪瓒）、破网皴（吴伟）。树的皴法有：有鳞皴（松树皮）、绳皴（柏树皮）、交叉麻皮皴（柳树皮）、点擦横皴（梅树皮）、横皴（梧桐树皮）。

⑤没骨

没骨指一种不用笔勾、墨画为骨，而直接用色彩涂抹、描绘物体的手法。五代黄荃所画花卉，勾勒用笔较细，着色后几乎不见笔迹，遂有“没骨花枝”之称；后来到北宋时期，有画家徐崇嗣学黄荃之手法，所绘花卉更是不加墨线勾线，只用彩色画成，世称“没骨画”，后人将此类画法称之为“没骨法”。

⑥泼墨

泼墨指将墨泼于纸上后，随其形状画出景物的一种手法。相传唐代的王洽，曾以墨于纸上而画出形神兼顾的画作，遂成绘画的创作方式。后世将用笔水墨饱满、淋漓尽致、气势磅礴的手法称之为“泼墨”。

（5）髡残

髡残，湖南武陵（今常德）人。字介丘，号石溪，又号白秃，自称残道人，晚年署名“石道人”；在画坛上与石涛并称“二石”，又与程正揆并称“二溪”。

据说，其母梦僧人入室而孕，因而他年岁稍长，总以为自己前生是僧人，故常思出家。程正揆在《石溪小传》中说髡残“廿岁削发为僧，参学诸方，皆器重之”。髡残自幼爱好绘画，年轻时放弃求取功名，20岁削发为僧，云游名山；30岁时明朝灭亡，他参加了何腾蛟的反清队伍，抗清失败后，避难常德桃花源。

髡残善绘画，尤其精于山水；绘画技法宗法黄公望、王蒙，早期基础出于明代谢时臣，所融之技法可上追元代四大家及北宋之巨然，曾说：“若荆、关、董、巨四者，得其心法惟巨然一人。巨然媲美于前，谓余不可继迹于后。”他习学元代四家以及明代大画家董其昌的画法，同时敢于“变其法以适意”，并以书法入画，不做临摹效颦，此真可见其重情用心、重视笔墨技法之处。

他在艺术上主张抒发个性，敢于创新，反对古板陈旧、墨守成规，其作品充满质朴的感情，似不假造作、真挚感人，故而风格独特，于当时成就最为突出，对后世影响很大。

髡残的山水画章法稳健，繁杂严密而不堵，郁茂浓厚而不塞，景色不以新奇取胜，而以平凡见其幽深处。其善用雄健之秃笔和渴墨，层层皴擦勾染，厚重而不板滞，秃笔而不干枯，是以他的作品具有“奥境奇辟，缅邈幽深、引人入胜”的艺术境界。

他平生喜游历名山大川，对大自然之博大神奇有其独到的领会，后住在南京牛首山幽栖寺。曾自谓平生有三惭愧：“常惭愧这只脚，不曾阅历天下多山；又常惭此两眼钝置，不能读万卷书；又惭两耳，未尝记受智者教诲。”

髡残的性格比较孤僻，书中云他“鲠直若五石弓，寡交识，辄终日不语”。对于禅学，他亦有独到之体悟，能“自证自悟，如狮子独行，不求伴侣者也”。他的画学，在当时已有相当造诣，受到周亮工、龚贤、陈舒、程正揆等人的推崇，因而他在当时的佛教界和艺术界皆有很高的声望。

髡残从事绘画比他人艰难，也付出更多心力，因其一生多受病痛折磨，可能与他早年避兵隐居桃源深处有关，但他从未放逸其心。他尝在《溪山无尽图卷》自题省悟之语，颇为感人。其语云：“大凡天地生人，宜清勤自持，不可懒惰。若当得个懒字，便是懒汉，终无用处。出家人若懒，则佛相不得庄严而千家不能一钵也。神三教同是。残衲时住牛首山房，朝夕焚诵，稍余一刻，必登山选胜，一有所得，随笔作山水画数幅或字一两段，总之不放闲过。所谓静生动，动必做出一番事业，端教作一个人立于天地间无愧。若忽忽不知，惰而不觉，何异于草木！”

张庚在《国朝画征录·髡残传》中有评云：“石溪工山水，奥境奇辟，缅邈幽深，引人入胜。笔墨高古，设色精湛，诚元人之胜概也。此种笔法不见于世久矣！”由此可见，髡残之画深得元代四大家之精髓。

（6）弘仁

弘仁，明末清初画家，僧人，安徽歙县人。俗姓江，名韬，字六奇；明末诸生（秀才），明亡后出家，法名弘仁，字渐江，自号渐江学人，又号渐江僧、无智、梅花老衲。自幼丧父，家贫，事母至孝，一生未娶。

他是明末秀才，明亡后，有志抗清，离歙赴闽，入武夷山为僧，师从古航禅师；云游各地后回歙县，住西郊太平兴国寺和五明寺，经常往来于黄山、雁荡山之间；工诗文、书法，其诗多从国家身世有感而发，其中尤其以民族感情至为强烈。其人画风萧散淡泊、简洁冷峭。

他擅画山水，取法宋元诸家，尤喜倪瓒（云林），师其法而用功最多；虽尊师法，但又不拘于师法，并能独自创新，所谓“师法自然，独辟蹊径”可作他艺术生涯的注脚。他的作品多画黄山，构图简洁，山石方折，险峰壁立，奇松倒挂；笔墨秀逸而凝重，意境宏阔亦淡远；其画气势峻伟，先声夺人；其人亦善画梅，绘画多得梅花疏枝淡蕊、冷艳寒香之韵致。

弘仁早年从学孙无修，中年师从萧云从，从宋元各家入手，后来师法“元代四家”，尤崇倪瓒画法，作品中如《清溪雨霁》《秋林图》《枯槎短荻图》等取景清新，多有云林遗意。他对倪瓒十分崇拜，曾于画中题诗云：“迂翁笔墨予家宝，岁岁焚香供作师”，可见其尊重如斯。

弘仁以画黄山而闻名，世人谓“得黄山之真性情”，笔墨苍劲整洁，富秀逸之气，给人以清新之意趣。与石涛、梅清同为“黄山画派”中的代表人物。查士标在他的山水画题云：“渐公画入武夷而一变，归黄山而一奇。”

弘仁的绘画于当时及后世皆享誉极高，后人将其与髡残、朱耷、石涛合称“清初四高僧”；又与汪之瑞、查士标、孙逸合称为“新安派四大家”，又称“海阳四家”，弘仁居首位。学他画风的有祝昌、高翔、秦涵等人。

张庚在《国朝画征录》中说：“新安画多宗清（倪瓒）者，盖渐师道先路也。”代表作有《乔松羽土图》《松石图》《黄山蟠龙松》《梅屋松泉图》《黄海松石图》等。

# 浅谈书法

## 缘起

几位友人及学生都说我的书法好，其实是过誉了。朽人虽爱好书法、音乐等艺术，但自愧生来没有什么天赋，仅天性喜好而已！至于艺术成就，则自视没有少许悟性，所以更没有“成就”可言了。

但几位同好书法之友人一再相邀，几番推迟不得，故只好不揣浅薄，在此与大家妄谈。

为了方便大家了解，我拟从书法流派及其发展简史谈起，以助诸君知其概貌，粗窥书法之历史脉络。

### 一、五大书体及其流派

书法，顾名思义就是书写文字的规则或方法，用以记录或传递信息，故文字不可不重视。然而，各国的文字，因其产生之年代与人们认识的不同，故在结构、分布及至章法多不相同；甚至一国文字，因历史变迁之不同，而有不同之形体，故有书体及流派之由来。

古书云“书画同源”，而实际亦如此。以我国汉字为例，即从形象之图画开始的，后来书法成为一门艺术，即是“字如画”或“画如字”，自有它的艺术魅力所在。

自秦汉以来，不少书法名家多为书画大家，甚而融字之法入画，或融画之势入字，颇有开创之大家，故有五体流派之由来。

进而述之——工笔中之人物，其脸或手、或臂、或衣褶，多为玉筋篆的笔法；再者，花卉画中之花、瓣、茎、叶，亦是篆书的笔法，故而线条或流畅柔软，或坚硬如铁，可证以书绘画者也。而绘画之腕力、手势，与书法之力度与技法，亦多有默然相契之处，此为“以画入笔者”之明证也。

若论书体，一般称正、草、隶、篆及行书，共称“五体”。现从发展之次序，首以甲骨文为先，次为钟鼎文、石鼓文、大篆、小篆，以上是“古文”的范畴；而后才有隶、草等体。现简要讲一下它们的历史由来及其流派。

1. 古文

（1）甲骨文

甲骨文为我国最早的文字形式，是以商代和西周早期（约公元前16—前10世纪）的龟甲、兽骨为载体的文献，此为已知的最早的汉语文献形态。

早期，那些刻在甲骨上的文字曾被称为“契文”“甲骨刻辞”“卜辞”或“殷墟文字”，现通称为“甲骨文”。因商、周时期的帝王，凡诸事多用龟甲或兽骨进行占卜，以察吉凶或定国事，后将占卜之结果刻于甲骨之上方便保存，此即为“甲骨文”之由来。

当然，除占卜吉凶外，甲骨文内容涉及面亦广，如天文、历法、气象、地理、封地、世系、家族、人物、官职、征伐、刑狱、农业、田猎、宗教、祭祀、疾病、生育、灾祸等，故甲骨文是研究我国古代——尤其商代的社会历史、文化及语言文字极为珍贵之资料，已发掘的甲骨文献中的殷商甲骨卜辞，主要是殷墟甲骨。

殷墟甲骨是商代自盘庚迁殷至帝辛（商纣王）270余年间的遗物，大多数出土于河南安阳小屯村或其附近。自清光绪二十五年（1899）被发现后，大量有字甲骨遭私人滥掘，并为古董家、学者和一些驻中国的外国传教士所收集。1928年秋才由国立中央研究院历史语言研究所组织人员进行科学发掘。

最早编纂甲骨文献的人是江苏丹徒（今镇江市）的刘鹗。光绪二十九年（1903），刘鹗在罗振玉的帮助下，编纂并出版了历史上第一部甲骨文集《铁云藏龟》。因此，研究甲骨文早期贡献最大的是金石学家罗振玉。

当时人们尊尚鬼神，遇事占卜，他们把卜辞刻在龟甲和兽骨的平坦面上，涂上红色标示吉利，黑色标示凶险。这些文字皆用刀刻，大字约一寸见方，小字如谷粒，或繁或简，精致非凡。

（2）金文

比甲骨文稍晚出现的是金文，金文也叫“钟鼎文”。商、周是青铜器的时代，青铜器的礼器则以鼎为代表，乐器以钟为代表，“钟鼎”常常作为“青铜器”之代名词。金文（或钟鼎文）就是指铸在或刻在青铜器上的铭文。

以内容而言，金文的内容多为当时祀典、赐命、诏书、征战、围猎、盟约等活动（或事件）记录，皆反映当时之社会生活。金文字体整齐遒丽，古朴厚重。相对甲骨文而言，化板滞为流畅，变化多且丰富。以字体而言，金文基本上属籀（大篆）体。

周宣王时所铸之毛公鼎，上面的金文极具有代表性，其铭文共32行，497字，是出土之青铜器铭文中最长者。《毛公鼎》铭文的字体结构严整，瘦劲流畅，布局不弛不急，字之位置排列得当，是金文作品中之杰出者。此外，《大盂鼎》铭、《散氏盘》铭亦是金文中难得之作。

古文中除殷墟甲骨较为著名外，钟鼎方面有《盂鼎》《小盂鼎》《散氏盘》《毛公鼎》，乃至《三体石经》中的古文。

（3）篆书

“篆”者，依《法书考》解释：“篆者，传也，传其物理，施之无穷。”谓为传递事物的信息或道理，可以传承、延绵，以至无穷。

《说文》云：“篆，引书也。”谓引笔而书，引书成画，积画成形，形以象字之意也。在六书中，指事、形声、会意、转注、假借皆以象形为基础而来。故象形字为最早之文字形状，亦是篆字的主要特征，此为其一。

篆书特征之二，是其笔画有转无折，一切转弯之笔画，都成圆转而成，无有方折。

此所谓“篆”为广义的“篆”，泛指秦代与秦代以前的各种字体。在漫长的历史演变过程中，经多次的变化，其历史可分三阶段，即：古文（包括甲骨文、钟鼎文等）、大篆（籀书）和小篆。

大、小二篆，虽出自钟鼎甲骨，但依然为原始字体。唐代孙过庭曾在《书谱》中说过：“篆尚婉而通。”就是说篆书的笔画必须婉转而通顺；所谓通顺，指转弯的笔画没有方折笔势，而成圆转。

秦时，隶书自小篆中出，渐成新的字体，当时还是隶书的初形。

至汉代时，隶书渐兴，时为以后，此一时期为隶书成熟期、壮年时期，是隶书当道的典型时期。作为实用文字，二篆逐渐退位让于隶书，但作为书法艺术，仍有名家，如汉相萧何所作，时称“萧籀”。后汉篆书名家中有位名叫曹喜的，时称“篆书之工，收名天下”，史书中说他“喜倾慕李斯笔势，少异于斯而亦称善”。此人喜尤工悬针篆、垂露篆与薤叶篆。

另外，后汉名家还有蔡邕，他是《熹平石经》的书写人，著有《篆势》，史书中说他“蔡邕书采斯喜之法，为古今杂形”。此外，许慎工小篆，师法李斯，笔法奇妙，著有《说文解字》14篇，对后世影响极大，承传了篆（籀）书法度，成为后世学习之圭臬，曾被奉为“楷书正误”的标准。后汉著名篆书遗迹中的《嵩山少室》《开母庙》和《西岳庙》三石阙，还有汉碑篆额若干种。

至魏晋南北朝时期，虽楷、行、草等书体均已诞生，而仍不乏篆书名家。如魏时《正始三体石经》上的古文和小篆，可谓汉篆的典型。而《吴禅国山碑》篆法严整，《天发神谶碑》则由转而折、由圆而方，名为篆书，已显隶书之韵意。晋时的《安丘长城阳王君神道碑》，其篆书笔法多方头尖尾，略带挑法。

此外，宋代范晔工草隶，尤善小篆，梁代萧子云：“创造小篆飞白，意趣飘然。”欧阳询评云：“萧侍中飞白，轻浓得中，如蝉翼掩素。”另，梁代庚元威善作百体书，并作杂体篆24种，这些亦是篆书名家。

唐代之篆书名家首推李阳冰，史书中说他的篆书

“变化开阖，如虎如龙，劲利豪爽，风行雨集”。他自己也说过：“（李）斯翁之后，直至小生，曹喜、蔡邕不足信也。”唐代吕总说他：“李阳冰书若古钗倚物，力有万夫。李斯之后，一人而已。”史书中说他的《乌石山般若台题名》《处州新驿记》《缙云城隍庙记》《丽水忘归台铭》为“阳冰四绝”；另有《李氏三坟记》《唐公德政颂》，以及“听松”二字，都很有名。

五代两宋时期工篆书者亦不少。较著者为徐铉、徐锴兄弟，世称“二徐”（铉为“大徐”，锴为“小徐”）。兄弟二人皆好李斯小篆，造诣颇深。徐铉遗迹有《篆千文》《温仁朗碑额》等。徐锴著有《说文解字系传》40卷，《说文解字篆韵谱》5卷。除“二徐”外，较著者尚有郭忠恕、僧人释梦英等。

郭忠恕，字恕先，著有《汉简》一书，作品则有《重修五代汉高祖庙碑》《怀嵩楼记》等传世。

梦英（僧），衡州人，号宣义，工“玉箸篆”，有《千字文》《夫子庙堂记》《妙高僧传序》等传世；著作有《篆书偏旁字源》。

元代时，篆书成就较大者，如赵孟頫、吾丘衍、周伯琦等人。赵孟頫篆书多见于碑额及墓志铭盖。吾丘衍著有《学古编》《三十五举》《周秦石刻音释》《印式》等专论“篆法”之著作。周伯琦有《李公岩》《临石鼓文册》等传世，著有《六书正讹》《说文字原》二书。

明代篆书名家中，以李东阳最为有名，其小篆清劲入妙，卓而超群，自成一家。赵宧光根据《天玺碑》而小变其体，创作草篆，颇具个人特色。程南云、景阳、徐霖、陈淳、王谷祥等人亦是有名之书法家，他们多承宋、元遗风。

清代篆书名家则比前代更多，以清康熙时期的王澍最为有名，此人篆书谦和朴实，一时顿称“无双”。江声的篆书兼《石鼓》《国山》之遗意，故成一代名家。清乾隆时的洪亮吉、孙星衍、钱坫、桂馥等亦以篆（籀）书著称，而尤以钱坫为杰出。清嘉庆时期，有名家邓琰（石如）崛起，其篆法出入二李（李斯、李阳冰），包世臣在《艺舟双楫》中将其推为“神品第一”。清代篆书名家多笃守阳冰之法，邓琰则一改往习，以隶笔而为篆书，对后世影响极大。清道光年间，黄子高篆法俊健，直追邓琰之风。又有何绍基以颜真卿之笔法作篆，圆融茂密、刚劲有力，终成一格。

至清末乃有杨沂孙、泗孙兄弟二人均从《石鼓》入手，参以钟鼎款识，自谓“历劫不磨”。后有吴大澄，所写篆文平整匀净、凝重简练，中年以后杂以古籀，另辟蹊径，终成高手。吴芷舲则以汉碑篆额、汉印篆法，参以《开母庙》《国山》《天发神谶》等碑刻，于邓、钱二家之外独树一帜。

此为篆书演变之脉络，所述或许不全，容后来者补之改之可也！

（4）大篆

大篆，起于西周晚年，春秋、战国间通行于秦国，字体与秦篆相近，但字形构形多为重叠，因著录于《史籀篇》，故称“籀文”，籀文是秦统一中国前流行之文字。

《史籀篇》乃用首句为篇名，实非人名。《史籀篇》取多少字已不可知，许慎《说文解字》中举出220余个不同的字。

大篆著名碑帖有《石鼓文》《秦公敦铭》。李斯小篆著名遗迹有《泰山刻石》。据传《会稽刻石》和《峄山刻石》亦李斯作品，但传世的据说都是宋郑文宝重刻的南唐徐铉摹本。《琅邪台刻石》传为李斯所书。

籀文，又称“石鼓文”，以周宣文时的太史籀所书因而得名。他在原有文字的基础上进行创新，并刻于石鼓上而得名，石鼓文是流传至今最早的刻石文字，为石刻之祖。

隋唐之际，在天兴县（今陕西省凤翔县）发现了十个石碣，样子像鼓，故起名为“石鼓”，上面的文字也因此而称为“石鼓文”。每个石鼓上都刻着一首六七十字的四言诗，据专家考证，这些石鼓乃春秋末年至战国初年的物品，上面的诗是歌颂秦王的。石鼓文为现存最早的石刻文字。

（5）小篆

小篆，又名“秦篆”，因相传为秦国丞相李斯所创，故名。小篆为通行于秦代之文字。其字体形体偏长，匀圆齐整，由大篆衍变而来。东汉的许慎《说文解字·叙》称：“秦始皇帝初兼天下……罢其不与秦文合者。（李）斯作《仓颉篇》，中车府令赵高作《爰历篇》，太史令胡毋敬作《博学篇》，皆取《史籀》大篆，或颇省改，所谓‘小篆’者也。”今存《琅邪台刻石》《泰山刻石》残石，即小篆代表作。自李斯以后，唐代李阳冰、五代的徐铉、近人邓石如等皆以篆书见长。

自甲骨文、钟鼎文、大篆发展到春秋战国时，各国删繁就简，各行其令，故文字极不统一。秦灭六国后，秦王采纳丞相李斯之意，进行文字改革，故有六国文字统一之事。据记载，参加统一文字工作的人有赵高、程邈、胡毋敬等。但依《说文解字》收列9353字，所举须要改革的篆文只有225字，所以不能说李斯"创造了"小篆。相传，秦代金、石刻文皆出李斯之手，此为李斯的杰出功绩，其对秦统一文字、简化文字的贡献亦是功德不小。

自周平王于公元前770年东迁洛阳（河南）后，五百余年，经历诸侯兼并的春秋时期和七国争霸的战国时期；语言方面，则出现了"言语异声""文字异形"的现象。据史料记载，只"宝"字的写法，当时就有194种不同形态；"眉"字的写法也有104种；"寿"字的写法亦在百种以上。这些异形的文字，有的字体柔婉流动、疏密夸张，有的体势纵长、结构怪异，此为书法艺术新的里程碑。

公元前221年，秦始皇统一天下，为了便于统治，故在文字上实行了"书同文字"的政策，"罢其不与秦文合者”。秦文是沿袭西周的文化传统，在“金文”“籀文（大篆）”基础上发展起来的一种书体，故秦文又称“秦篆”，后人又用“小篆”称之，以区别于“大篆”。

秦代刻石保存小篆书迹稍多，以秦始皇所立诸石最为重要，《琅邪台刻石》《泰山刻石》及其残存拓本《始皇廿六年诏》等最能见其真相。

《峄山刻石》是秦篆（即小篆）的代表之作，字的点划均为线条，粗细一致，圆起圆收；字体端庄严谨，有实有虚，疏密得当，显得从容平和，而且刚劲有力，故后人有评云“画如铁石，千钧强弩”。《峄山刻石》的字结构上紧下松，垂脚拉长，有居高临下的俨然之态，似乎读者须仰视而观；在章法上行列整齐、规矩和谐。秦刻石在总体上从容、俨然、强健的艺术风范与当时秦王朝的时代精神是统一的。《峄山刻石》原石被后来三国时期的曹操登山时毁掉了，但留下了碑文。

小篆字体，当以秦刻石为代表。据《史记·秦始皇本纪》言：秦始皇曾经在东巡中立了六块碑刻，今所存者仅《泰山刻石》《琅邪台刻石》两种，秦刻石传出自李斯之手。

《泰山刻石》为前219年时所刻，原石毁于清乾隆五年（1740），今存十字，其书笔画俭约，结体规矩典雅。

《峄山刻石》今所传者为宋代郑文宝所摹刻，《峄山刻石》翻刻的有很多，而尤以郑氏为最精。以上诸碑是秦篆的典型，其特点是用笔匀净、劲瘦，提笔疾过，圆融峻俨，其笔法又有“玉筯”“钗骨”之说，所以秦篆又称“玉筯篆”。

2. 隶书

隶书，又称“隶文”“隶字”，是我国自有文字以来第二大书体。因原来用以辅助篆书，故又称“左书”“佐书”或“佐隶”，此几种叫法随着隶书取代篆书而逐渐不用。

古时，书家多谓隶书是秦代程邈所创，直到近代方才认为隶书是自然演变而来的。隶书从秦代开始，经长期发展、演化，至东汉末年进入成熟期，这时楷书也逐渐出现。东汉末年，钟繇任黄门侍郎之职，他能写隶、楷、行、草诸体，尤善于楷书。他所书之楷体，世称“开创了由隶到楷的新貌”；而此时楷书已渐占统治地位，但隶书作为一种书法、一种艺术，仍为世人所喜爱，故能流传至今。

随后，隶体不断地变化发展，其书体之特征为：笔画比篆书复杂而多变，不但有横、直、折、勾，还出现点、戈、撇、捺；笔法是方圆并用，方多于圆；逆锋、藏锋、回锋兼施；行笔是中锋、偏锋都有或同时存在；其笔法的典型特点是有波势、用挑法，即平常所说的“蚕头凤尾”，字的形状也由长而为扁平。

隶书从秦隶到汉隶，最后又过渡到唐隶，其间还经过众说纷纭的“八分”，如后所述。

清代以隶书著称者有郑簠、陈恭尹、顾蔼吉、桂馥、邓琰（石如）、黄易、伊秉绶、陈鸿寿、赵之琛、何绍基、俞樾、徐三庚等人，其中，郑簠、陈恭尹、顾蔼吉为专工隶书者；而桂馥、邓琰、黄易、伊秉绶、陈鸿寿、徐三庚等人篆字亦不亚于他们的隶书成就；至于邓琰（石如），虽以篆刻著称，而其所写隶书苍劲浑朴、卓尔超群，所自成一家，是隶书中难得一见之珍品。

（1）秦隶

早期的隶书，因初脱胎于小篆，故虽比小篆简洁，但仍保留篆书的较多笔势、笔意，其字多是半篆半隶、浑然一体，用笔变圆为方折，多用中锋圆笔，此时的隶书尚无波、挑，保存了篆字细长的字形，章法参差交错，变化随意而为，不受界格之所局限，如《秦权》《云梦秦简》或西汉时的碑刻。

（2）汉隶

此时的隶书，已是发展成熟的隶书，为隶书的典型时期。一般所谓“隶书”，多指这一时期的隶书。已完全摆脱篆书笔意而成全新之书体，其主要特色为“波磔披拂，形意翩翩”，用笔“藏锋逆入”“逆入平出”或“翘首举尾，直刺邪掣”，多为“蚕头凤尾”势；笔画有粗有细，轻重相应；字形亦由长方而成方扁。

隶书，以汉隶为主体；汉隶，则以后汉时的隶书为准则。在后汉隶书中，有名的碑刻很多，如《裴岑纪功碑》《西狭颂》《夏承碑》《张迁碑》《子游残碑》《鲜于璜碑》《礼器碑》《曹全碑》《熹平石经》《史晨碑》《石门颂》《杨淮表记》《仓颉庙碑题铭》等，这些碑刻风格不同、笔法互异，按其笔法大致可分“方笔”“圆笔”两大类；但按其风格、神韵，则可分为五大流派：

①如《乙瑛碑》《史晨前后碑》《礼器碑》《华山庙碑》等属“圆润瘦劲、端整精密”的一派，以“法度谨严、笔意飞动”见称，乃隶法之正宗。

②如《曹全碑》《孔宙碑》《孔彪碑》等属“秀丽工整、圆静多姿”的一派，是汉隶中之精品。

③如《张迁碑》《鲜于璜碑》《西狭颂》《衡方碑》等属于“方整宽厚、峻宕雄强”的一派，为隶书中之佳作。

④如《石门颂》《杨淮表记》《封龙山颂》《开通褒斜道石刻》等属“风神纵逸、气势奔放”的一派，亦难得之石刻。以上各碑，除《封龙山颂》外皆为摩崖石刻；而花岗石石质坚硬，颗粒较大，虽无法刻得秀丽严谨、粗细有形，然而恰能体现隶书“飘逸奔放”的风格。

⑤又如《郙郁阁颂》《夏承碑》《君子残石》等属“意态奇古、气度宽阔”的一派，亦是难得一见的书法作品，多为书法家所爱。

### 3. 楷书

楷书，即楷体书法，是从汉末、魏晋时起直至近代广泛流行的书体，是我国第三大书体。

楷书，又称“正书”“真书”。楷有“楷模”“法度”“标式”等义，最初用以称呼书体。晋代卫恒《书势》云：“上谷王次仲，始作楷法。”所说“楷法”为“八分楷法”，即间乎隶、楷之间的“八分”书体；近世所谓的“楷书”，非指“八分楷法”，乃指脱尽隶笔、隶意的正书楷体，故楷体又称“正书”。从形成的角度讲，钟繇所写的楷字即是“正书”，虽他的字尚有隶书的笔意在，但说楷书起自汉末也是可以的。

楷书之特征有三：其一，笔画端正，结体整齐，工妙在点、画，神韵体现于结体——楷字多平正齐整、端庄大方、结构严谨，正如宋代苏轼所说，“大字难于结密而无间，小字难于宽绰而有余”，故楷书“严整而不失飘扬、犀利刚劲而似飞动”。其二，笔画有规律可求——如“永字八法”即是习楷之范例，故有规律可寻，即一切楷书的笔画皆可纳于“八法”之中。其三，起止三折笔——“运笔在中锋”是楷书的典型笔法，运笔中锋，则字多遒润。

楷书的体势和风格流派较多，然就其基本规格而言大同小异。其小异可分为三：一是肥、瘦之分，肥厚者如颜体，瘦挺者如柳体；尚有极瘦者，如瘦金书。

二有长、方之别，正方者如褚体，长方者如欧体。三是朴、媚之异，淳朴者如虞体，妩媚者如赵体。

楷书的著名流派，多出现在魏、晋、唐、宋之间，后分为南、北两大体系。

南系楷书的著名流派，首推钟、王，此为魏晋时期楷书开宗立派之主要代表。钟即钟繇，王指“二王”:“大王”王羲之,“小王”王献之。钟、王的楷书，秀丽挺拔，备尽法度。钟繇的《宣示表》，王羲之的《黄庭经》《乐毅论》，王献之的《洛神赋十三行》，都是他们的著名墨迹。钟、王之后，欧（阳询）、虞（世南）、褚（遂良）、薛（稷）相继于后；其次，又有颜（真卿）、柳（公权）、赵孟頫等书法家横空出世，这些书法大家多有自创，终成一家风格。后世所说的“欧体”“颜体”“柳体”即是指他们的楷书风格而言。

北系楷书的著名流派源自魏时的碑帖。魏碑，乃是界乎隶、楷之间的一个流派，亦是重要的楷书体系，是书法中珍贵之宝藏。最早以索靖为代表，而后方形成“北系”书法体系。北系楷书的书法遗迹主要是石刻碑铭，且多没有记载书写者姓名，因此北系楷书不是依书法家的风格而定，而是以碑帖名称来区分流派，传世碑帖中，最为有名者有《谷朗碑》、《郑文公碑》（魏）、《张猛龙碑》（魏）、《龙门造像诸品》（魏）等。另，除魏碑外，尚有少量晋碑及南朝宋、梁时碑，如《爨宝子碑》（东晋）、《爨龙颜碑》（南朝宋时）、《瘗鹤铭》（南朝梁时）、《石门铭》（魏）、《张玄墓志》（魏）。至清代时，有书家阮元首倡碑学，包世臣继之，近人康有为接踵而起，大兴“尊碑卑唐”之风，故而使碑学大盛。

（1）欧体

为欧阳询所创，其字正书结构，“易方为长，以就姿媚”“四面停匀，八方平正”“书如凌云台，轻重分毫无负”“笔备众美，翰墨洒落”，此即史书所说欧体之风格，欧体著名碑帖有《九成宫醴泉铭》《皇甫碑》《化度寺碑》。

（2）虞体

为虞世南所创，其字偏长，略同于欧体，字形工整齐备，不倾不倚，法遵“二王”（王羲之、王献之），严谨洒脱，如《孔子庙堂碑》。

（3）褚体

为褚遂良所创，其书丰润劲炼、清远古雅，用笔方、圆兼容，间含隶意；结体婉畅，用笔多变、中侧兼收、顺逆并用，其书对后世影响极大。著名碑帖有《孟法师碑》《大字阴符经》《雁塔圣教序》等。

（4）薛体

为薛稷所创，其书得欧、虞、褚、陆之遗风；其师承血脉近于褚遂良。此人用笔纤瘦有力，结字疏通流畅。著名碑帖有《封中岳碑》《郑敞碑》《杳冥君铭》等。

（5）颜体

为颜真卿所创，其字探源篆隶，楷法谨严，放而不流，拘而不拙，结字方圆，笔法肥劲，如《多宝塔》《东方画赞》《勤礼碑》《麻姑仙坛记》《颜氏家庙碑》。

（6）柳体

法出颜真卿，后独创一格、自成一家，其字笔意瘦挺，体势骨力遒劲、爽利挺秀。著名的碑帖有《玄秘塔碑》《神策军碑》等；尤其是《神策军碑》，可看出柳字与颜字之间的关联或渊源。

（7）赵体

为赵孟頫所创，世称“赵体”。其字以“风流、和婉”著称，其书风遒媚秀逸、和婉适中，结体严整、笔法圆熟。著名碑帖有《妙严寺记》《三门记》《妙法莲花经》《信心铭》等。

宋代楷书，首推蔡襄。蔡襄，宋代杰出书法家，“宋代四大家”之一。其书风格意取晋、唐，恪守法度，以神佳为度，讲究古意，书云“端劲高古，容德兼备”，为开启宋代书派主流之代表。蔡襄之字师法蔡邕、崔纾，后崛然独起。初学周越，其字变体出于颜真卿；年轻时，其字明劲有力，晚年则回归淳朴恬淡、婉美妍媚；他的大字端庄沉着，小字则秀丽多姿。大楷作品有《洛阳桥记》《有美堂记》《昼锦堂记》等，小楷如《茶谱》《集古录序》等。

宋徽宗赵佶，正书笔势劲逸，初学薛稷，后变其法度，独创一格，自号为“瘦金书”，对后世楷书亦有较大影响。

元代著名书家赵孟頫，善篆、隶、真、行、草书，尤以楷、行书著称于世。

明代楷书较著名者有董其昌，他初学颜、虞，后改钟、王，后终成一家。

清代楷书名流有钱沣、何绍基，其楷法皆学颜真卿。钱沣之字，结体严整，气势雄伟；何绍基之字则体势遒劲，气势流畅，此二人对清代楷法影响较大。

以上为楷书之简要脉络。

前文所谈楷书碑帖，多以大楷、中楷为主；而小楷名帖则较少，主要有钟繇的《荐季直表》、王羲之的《东方朔画赞》《乐毅论》《黄庭经》《曹娥碑》、王献之的《洛神赋十三行》、钟绍京的《灵飞经》、赵孟頫的《道德经》、文徵明的《醉翁亭记》《雪赋·月赋合册》等。

4. 草书

草书，即草体书法。草为“草创”“草藁”之意，章草和今草为草书的两大主要流派，代表其发展之两大阶段。

（1）章草

章草由隶书演化而来，沿用隶书章法，横画上挑，左右波磔分明。“笔有方圆，法兼使转”，结体“古雅平正、内涵朴厚”。唐代孙过庭于《书谱》中说：“章务险而便。”唐代张怀瓘在《书断》中说：“此乃存字之梗概，损隶之规矩，纵任奔逸，赴速急就。”可见章草就是隶书过渡到草书之特有形态，或称“隶草”。

章草著名的碑帖有西汉史游的《急就章》、东汉张芝的《秋凉平善帖》、东晋王羲之的《豹奴帖》，西晋索靖的《出师颂》也是章草精品；另有西晋陆机的《平复帖》，西晋索靖的《月仪》《载奴》帖也颇可观。自今草兴起后，章草势微，传世的有唐代褚遂良的《黄帝阴符经》等。

（2）今草

今草由章草演变而来，此时已完全脱离章草之隶书痕迹，故字更显潇洒、奔放和流畅。今草流派较多，大致可分为三支：

①小草：唐代孙过庭在《书谱》中说：“草贵流而畅。”故小草特征以“流注、顺畅”为主；运笔多用转法，故字多显“韵媚、婉约”，而法度较为谨严，字字区分，不作连续带笔，意态飞舞奔放、随意流畅。著名碑帖以孙过庭《书谱》为代表，故小草派又称“书谱派”。另有隋代智永《千字文》亦是有名的代表作。

②大草：又名“狂草”，唐代张怀瓘在《书断》

中说："字之体势一笔而成，偶有不连，而血脉不断，及其连者，气候通其隔行。"所以"大草"又名"一笔书"。其特点是于小草笔法之上，进而成为"字字相连、体势连绵"的笔势，其字笔意奔放、变化万千、首尾呼应，故气势贯穿一体、融会一如。著名碑帖有张芝的《知汝殊愁帖》，张旭的《肚痛帖》《古诗四首》，怀素的《自叙帖》《食鱼帖》，都是大草或狂草的典型作品。

③行草即草书、行书夹杂之字体，其早期形态为"藁书"（即"相闻书"），一般用于尺牍。王愔云："藁书者，若草非草，草行之际。"故知"藁书"为草书发展之过渡形态，后来发展成草书、行书并用，其特点为"行草夹杂、用笔秀丽，字不连绵但神气贯通"。如王羲之的《快雪时晴帖》《行穰帖》，王献之的《中秋帖》《送梨帖》即是典型墨迹。

后世草书名家，有宋代苏轼《醉翁亭记》、黄庭坚《诸上座帖》、米芾《草书九帖》、蔡襄《草书二诗帖》、明代祝允明《前后赤壁赋》、文徵明《滕王阁序》等，明末清初的王铎则一反常规、另辟蹊径，后自成一家，其章法影响后世亦大。此等大家于草书上造诣颇高、别具一格，为草书之代表人物。

5. 行书

行书，即行体书法，亦名“行押书”，行书从楷书演化而来。唐代张怀瓘云:“务从简易，相间流行。”宋代姜夔《续书谱》云:“行出于真。”行书特征是“非真非草”，介乎真、草之间。从楷书到今草，较自然形成了行书。宋代的《宣和书谱》中就有“真几于拘，草几于放，介乎两间者，行书有焉”之语，可知行书之特征。

## 二、历代书法家及其作品

前面，我们就五大书体以及它们的流派讲述了一番。接下来，我们再以年代划分，分别讲述一下各个朝代的书法特色，以及同时代的书法名家，并就他们的代表作品略加评述，以增趣味。

1. 秦汉时期

我国秦汉时期，汉字的变迁更为剧烈也最为复杂，大篆经过省改而创造了小篆，李斯所书《泰山》《琅邪》《峄山》等石刻，即是“小篆”典型。另外，隶书发展成熟，草书发展成章草，行书和楷书亦萌芽。书法家可谓人才辈出，此一时期的书法成就影响后世极为深远。

秦汉书法遗存今天的有帛书、简牍书，还有壁画、陶瓶及碑上的刻字。汉代的石碑艺术在这一期间取得了辉煌的成就。西汉碑刻虽少，而东汉则有“碑碣云起”之兴盛现象，可见书法在当时的成就。这一时期出现不少好的石碑，如以《张迁》为代表的“方劲古朴类”；以《曹碑》为代表的“飘逸劲秀类”；以《礼器碑》和《前史晨碑》《后史晨碑》为代表的“端庄凝练类”等著名的碑铭。

至汉时，篆、隶、章草均有成绩，如此时已显露行书、正楷的端倪；而且，由于书法艺术在秦汉时代的昌盛，在这一时期的篆刻作品亦是十分精美的，并出现了各种印章。

（1）史游

史游，西汉元帝时人，官至黄门令。曾解散隶体而求速书，但存字的梗概，损隶书的规矩，但求书写纵任奔逸，而大胆打破隶书书写之章法，因作《急就章》，故后人称其书体为“章草”。因草创而成的字体，故称“草书”。

《急就章》，汉代史游撰。唐代张怀瓘在《书断》中说："章草者，汉黄门令史游所作也。"王愔说："汉元帝时史游作《急就章》，解散隶体，汉俗简惰，渐以行之是也。"

其书自始至终，无一复字。文辞雅奥，亦非后世蒙学诸书所可及之。旧时曾有曹寿、崔浩、刘芳、颜之推《注》，今皆不传，唯颜师古《注》一卷存世。后有王应麟补注之，厘为四卷。

《急就章》今本34章，此书不是简单地把许多单字放在一起，而是有意识地加以组织，按姓名、衣服、饮食、器用等分类变成韵语，多数为七字句，这样学童在学习认字的同时还能增长各方面的知识。全书取首句"急就"二字作为篇名，"急就"就是速成的意思。这是一本速成的识字课本，全书共收2016字，没有重复的句子，文辞雅奥，是后世蒙书少能匹及的。

从周秦到汉中叶，可以说是以《史籀篇》为代表的蒙学教材流行时期。从汉中叶到南北朝时期，史游的《急就章》盛行，是当时主要使用的蒙学教材。而"自唐以下，其学渐微"，《急就章》的主流地位渐被新出的《千字文》所替代了。

汉代时期，先合秦代《仓颉》《爰历》《博学》等三书为《仓颉篇》，作为蒙学教材。后来又有《凡将篇》(司马相如作)、《急就章》(史游作)、《元尚篇》(李长作)、《训纂篇》(扬雄作)等书先后问世；后来又把《仓颉篇》《训纂篇》《滂熹篇》合为一书，称为《三仓》(也称为《仓颉》)，这些书都是汉初《仓颉篇》的继续和发展，而《仓颉篇》文字又取自《史籀篇》。

颜师古本比皇象碑多63字，而少“齐国”“山阳”两章，只有32章。王应麟在《艺文志考证》中以为此二章起于东汉，或许最为精确。其注考证广泛，足补师古之缺。别有黄庭坚本、李焘本、朱子越中本等，诸本字句小有异同；但王应麟所注，多从颜（师古）本，以其考证精深，较他家更为有据可证罢。

（2）钟繇

钟繇，字元常，颍川长社（今河南长葛东北）人。他工于书法，师承曹喜、蔡邕、刘德昇，博采众长，融会贯通，各体兼能，尤精于隶书和楷书。

他的书法从学习汉隶入手，但改进了“蚕头凤尾”的写法，使字形更为方正平直、简单易写，点画颇多奇趣，结体茂密修长、飘逸萧疏，已具楷书面貌，他也因此成为汉字由隶入楷的主要代表人物，故后人有奉他为“楷书之祖”者；他与张芝、王羲之齐名，故并称为“钟张”或“钟王”，梁武帝萧衍评其书：“如云鹄游天，群鸿戏海，行间茂密，实亦难过。”

钟繇的书法真迹早已失传，我们现在所能看到的都是后世临摹本，《荐季直表》和《宣示表》是摹刻中的佼佼者，从中可以看出钟繇书法的精神与意趣。此二表布局空灵，结体疏朗，字形略扁，带有隶书的痕迹。虽结体、法度尚有不成熟之处，似不如晋、唐楷书那般工整端正，但天真无邪、古朴盎然，自有妙不可言处，故为后人所推崇。

钟繇在书法上下过大苦功，曾自称：“吾精思书学三十年，坐与人语，以指就座边数步之地书之，卧则书于寝具，具为之穿。”可见其矢志于学。相传，有一次他在著名书法家韦诞家中看见一篇蔡邕论笔法的文章，苦求不得，以至到后来“捶胸吐血”，还是曹操用“五灵丹”救活的；等到韦诞死了之后，“繇阴发其冢，始得之，书遂大进”，可见他对书法的执着和专一。他能书写隶、楷、行、草等各种字体，尤其擅长楷书，开“由隶到楷”之新面貌。

他的楷字较扁，近似隶书，笔画清劲遒媚，结构茂密，笔画峭薄修长。今存《宣示表》《荐季直表》《贺捷表》《还示帖》《力命表》《墓田丙舍》《调元表》等帖，为晋、唐时的临摹本。

他的书法“丰润有致、刚柔相济，且古雅幽深，备尽法度”，被誉为“秦汉以来，一人而已”，后人甚至奉他为“楷书之祖”。

钟繇的书法主要学曹喜、刘德昇和蔡邕，他的正楷书法独步当时，自言“精思学书三十年”，其所作字体，秀美典雅、幽深无际，故能超人一等。

他所处年代正是隶、楷交错变化之时，正如元代袁裒《总论书家》中所说的那样：“汉魏以降，书虽不同，大抵皆有分隶余风，故其体质高古。”因此，在他的楷书之中带有浓厚的隶书意味。

他的小楷书法，体势微扁，行间茂密，点画厚重朴实，笔法则清幽俊劲、醇古简静，质地淳朴。唐代张怀瓘在《书断》中评他：“真书古雅，道合神明，则元常第一。”又说：“元常真书绝妙，乃过于师，刚柔备焉。点画之间，多有异趣，可谓幽深无际，古雅有余，秦、汉以来，一人而已！”

对于钟繇的书法，历代多有评论，王僧虔说：“钟公之书，谓之尽妙。钟有三体，一曰铭石书，最妙者也；二曰章程书，世传秘书教小学者也；三曰行押书，行书是也。三法皆世人所喜。”《书法正传》云：“钟繇书法，高古淳朴，超妙入神。”南朝羊欣在《采古来能书人名》中称：“钟书有三体，一曰，铭石之书，最妙者也；二曰，章程书，传秘书教小学者也；三曰，行押书，相闻者也，三法皆世人之所善。”

另有《荐季直表》，传为钟繇作品中唯一有墨本传至今之作品。该表书于魏黄初二年（221），时钟繇已七十，内容为推荐旧臣关内侯季直的表奏。此帖笔法“古雅茂密、渊懿错落”，为难得之书法精品，又因刻于石上，故有“自华氏之有刻印，而天下之学钟书者不知有《淳化阁帖》”之誉。

他的真迹已无存世，宋以来法帖中所刻的作品，如《宣示表》《贺捷表》《荐季直表》《力命表》《墓田帖》等，都是后人临摹之作。

### 2. 魏晋南北朝

#### （1）王羲之

王羲之，东晋杰出书法家，字逸少，琅邪临沂

（今属山东）人。出身贵族，为王旷之子，王导之侄。官至右军将军、会稽内史，人称“王右军”，后辞官隐居于会稽山阴（今浙江绍兴）。

工书法，初从卫铄（卫夫人）学书法，后见前代书法名家如李斯、钟繇、蔡邕等人的墨迹，无不用心揣摹，后博采众长，取诸体之精华为己所用，此后，师法张芝、钟繇。他善增损古法，变汉、魏朴质之书风，而创妍美流畅之新体。后世评者以为，其草书“浓纤折衷”，楷书“势巧而形密”，行书则“遒美劲健，富于变化，又不失天然真趣”，故其书为历代学书者之所宗，对后世影响极大，故有“书圣”之誉。

王羲之楷书，小楷代表作有《乐毅论》《黄庭经》（亦称《换鹅帖》）等；草书的代表作有《十七帖》《桓公帖》《朝廷帖》《宰相帖》《司徒帖》《中书帖》《侍中帖》《尚书帖》《司马帖》《太常司州帖》《护军帖》《十一月帖》等。《淳化阁帖》中收有他的书法字帖共计159帖，多为行草夹杂。

王羲之行书代表为《兰亭序》《快雪时晴帖》等，后世刻石者和临摹者很多，宋时刻石多达数百种。其他行书法帖也很多，现将较著名的帖子列目如后：《奉橘帖》《诸弟帖》《快雪时晴帖》《从弟帖》《丧乱帖》《曹妹帖》《二谢帖》《诸贤子帖》《频有哀祸帖》《贤女帖》《伯熊帖》《此月帖》《阮公帖》《六月帖》《蔡家帖》《九月帖》《家中帖》《十月帖》《夫人帖》《三月帖》《贤弟帖》《快雨帖》《夏日帖》《平安帖》《极寒帖》《奉告帖》《州民帖》《小佳帖》《旧京帖》《悉佳帖》《安西帖》《伯慰帖》《山阴帖》《叙慰帖》《水兴帖》《廓然帖》《建安帖》《遣书帖》《瞰豆帖》《省书帖》《慈颜帖》《宿昔帖》《青李来禽帖》《书魏钟繇千字文》。

王羲之有关“书论”的著作不少，传世的有《题卫夫人〈笔阵图〉后》《书论》《笔势论》《用笔赋》《记白云先生书诀》等。这些“书论”曾载于唐代张彦远的《法书要录》、韦续的《墨薮》，宋代朱长文《墨池编》、陈思《书苑菁华》，明代汪挺《书法粹言》，清代冯武《书法正传》等，影响较大。

《兰亭序》是行书法帖，又名《兰亭宴集序》，为东晋穆帝永和九年（353）三月三日，王羲之与谢安、孙绰等人集会于山阴（今浙江绍兴），其时与会人等各抒情怀，畅作诗篇，后羲之为作序文是也。

《序》中记叙兰亭之美及聚会欢乐之情，以及对生死无常的感慨。

王羲之生前，特别重视《兰亭序》，去世后，由子孙传藏，传至王羲之七世孙智永（僧），因为无嗣，交绍兴永欣寺和尚、弟子辨才手里保存；后到唐太宗李世民手中，唐太宗死时，随葬入唐昭陵；五代时，一名叫温韬的人发掘昭陵而得，致使《兰亭序》真迹不知去向。因此序书法极美，故为历代书家之所推崇，后世誉为“行书第一”。

存世本中，唐摹墨迹以“神龙本”为最著，故称为《兰亭神龙本》。此本摹写精细，笔法、墨气、行款、神韵，都将羲之之笔韵和意境体现得淋漓尽致，为公认的最好摹本。石刻本则首推“定武本”。

《兰亭序》表现了王羲之书法艺术最高境界，此序将作者之气度、胸襟、情愫、感怀皆表现于字里行间，是难得之佳作。古人称王羲之的行草如“清风出袖，明月入怀”，堪称绝妙之喻。

《快雪时晴帖》为王羲之所书。其帖行书四行，字体流利秀美、灵动潇洒，唐代张怀瓘在《书断》中说：“逸少秉真行之要，子敬执行草之权；父之灵和，子之神骏，皆古今之独绝也。”又说：“右军开凿通津，神模天巧，故能增损古法，裁成今体，进退宪章，耀文含质，推方履度，动必中庸，英气绝伦，妙节孤峙。”

乾隆一生酷爱书法，刻意搜求历代书法名品，他对此帖极为珍爱，在帖前题写了“天下无双，古今鲜对”。全帖二十八字，字字珠玑，誉为“二十八骊珠”。他把此帖和王珣的《伯远帖》、王献之的《中秋帖》（号为“晋人三帖”）并藏于养心殿内，并御书匾额“三希堂”，视为稀世瑰宝。乾隆十二年（1747）又精选内府所藏魏、晋、唐、宋、元、明书家134家真迹，包括“三希堂”在内，摹刻于石上，命名为《三希堂法帖》。

（2）王献之

王献之，东晋杰出书法家，字子敬，小字官奴，王羲之的第七子；官至中书令，曾于病时让族弟王珉代行“中书令”之职，故世称王献之为“王大令”，王珉为“王小令”。

王献之工书法，善楷、行、草、隶各体，尤以行草著名。其书法，在继承张芝、王羲之的基础上另创新法，用笔外拓（开廓），俊迈而带逸气，故有“破体”

之称。南朝宋、齐、梁间人多宗其体，唐、宋以来的书家也多受其影响。王献之继承父学，且进一步独创天地，字画秀媚、妙绝时伦，以至与父齐名，人称“二王”。

墨迹著名者，有行书《鸭头丸帖》，小楷《洛神赋十三行》。草书有《玄度帖》、《前告帖》、《吾当帖》、《侍中帖》、《马侍御帖》、《裴员外帖》、《裴九帖》、《崔十九帖》、《八月帖》、《十二月帖》(即《中秋帖》)、《秋冷帖》、《秦中帖》、《数月帖》、《远书帖》、《岁尽帖》等。行书有《诸舍帖》《东山帖》《舍内帖》《黄门帖》《东园帖》《李参军帖》《荐王德祖帖》《山阴帖》《冠军帖》《外甥帖》《鹅群帖》《如意帖》《二十九日帖》《卫军帖》《地黄汤帖》等。

《洛神赋十三行》是王献之的小楷代表作品，据说王献之喜好书写《洛神赋》，写了不止一行，而是十三行，故有此书。从《洛神赋十三行》中可看出，王献之的楷书笔法已不带隶意，字形也由横势变为纵势，是完全成熟之楷书作品。

此帖中字，用笔挺拔有力，风格秀美圆润，笔力遒劲有力，气蕴神采飞扬，字体匀称和谐、变化自然。

王献之的楷书与其父王羲之相比有所不同：羲之的字含蓄，运用“内擫”手法；而献之的字神采外露，多运用“外拓”手法。其父子二人的字对后代皆产生过深刻影响。

宋代董逌《广川书跋》说：“子敬《洛神赋》，字法端劲，是书家所难。偏旁自见，不相映带；分有主客，趣向严整。与王羲之《黄庭经》《乐毅论》相比，一反遒紧缜之态，神化为劲直疏秀。”

王献之曾在十五六岁时劝其父亲“宜改体，且法既不定，事贵变通，然古法亦局而执”，可见其对书法之极深感悟。

他的真迹已不复存在，今世所见为南宋贾似道所刻石本，因石色如碧玉，故称“碧玉十三行”。王献之所书《洛神赋》，体势秀逸俊丽，笔致洒脱自然。清代杨宾在《铁函斋书号》中评为“字之秀劲圆润，行世小楷无出其右”。梁武帝《古今书人优劣评》称：“王献之书绝众超群，无人可拟，如河朔少年，皆悉充悦，举体沓拖而不可耐。”唐代张怀瓘在《书断》中评其行草为：“兴合如孤峰四绝，迥出天外，其峻峭不可量也。尔其雄武神纵，灵姿秀出，威武冲之智，下庄子之勇，或大鹏抟风，长鲸喷浪，悬崖坠石，惊电遗光。察其所由，则意逸乎笔，未见其止。盖欲夺龙蛇之飞动，掩钟张之神气。”

王献之的字虚和简静、神朗气清、灵秀流美，与文章清虚脱俗的内涵极为和谐，故后人奉《洛神赋十三行》为“小楷之极则”。

他的行书以《鸭头丸帖》为最著，体现了王献之的行书笔法，其行笔如急风骤雨，结体又疏朗有致、顾盼生姿，能寓秀美于奇险之中，是书家之所敬服处。

3. 隋唐五代

（1）欧阳询

欧阳询，唐初杰出书法家，字信本，乳名“善奴”，潭州临湘（今湖南长沙）人。官至太子率更令，世称“欧阳率更”；唐太宗时授“弘文馆学士”。

工书法，初学王羲之，后兼学王献之，所写书法劲险刻厉、刚劲有力，于平正中突显险绝，后风格自成一家，世称“欧体”，对后世影响很大；他与虞世南、褚遂良、薛稷三人并称为“唐初四大家”。

书体碑刻较著名的，楷书有《九成宫醴泉铭》。

《九成宫醴泉铭》立于唐贞观六年（632），楷书24行，每行49字。此碑用笔方整，且能于方整中见险绝，字画的安排紧凑，匀称，间架开阔稳健。明代陈继儒曾评说："此帖如深山至人，瘦硬清寒，而神气充腴，能令王者屈膝，非他刻可方驾也。"明代赵涵在《石墨镌华》中称此碑为"正书第一"。

《九成宫醴泉铭》是欧阳询的代表作之一。铭文由魏徵撰，记载了唐太宗在九成宫避暑时发现涌泉的事由，后欧阳询奉敕而书。原碑24行，每行49字，传世最佳拓本是明代李琪旧藏宋拓本。

此碑书法，高华庄重，法度森严，笔画似方似圆，结构布置精严，局部险劲而整体端庄，无紊乱夹杂处，亦无松弛感。唐人评其书为"森森然若武库矛戟"，"有龙蛇战斗之象，云雾轻笼之势"。

元代虞集题此碑时说："楷书之盛，肇自李唐，若欧、虞、褚、薛尤其著者也。余谓欧公当为三家之冠，盖其同得右军运笔之妙谛。观此帖结构谨严，风神遒劲，于右军之神气骨力两不相悖，实世之珍。但学《兰亭》面而欲换凡骨者，曷其即此为金丹之供！"明代王世贞对此碑亦评云："信本书太伤瘦俭，独《醴泉铭》遒劲之中不失婉润，尤为合尔。”

欧阳询书法用笔方整，略带隶意，笔力刚劲。清代包世臣曾说：“欧字指法沉实，力贯毫端，八方充满，更无假于外力。”故知欧体字强调指力，所写笔画需骨气内含、结实有力，每一笔画需轻重得体、长短适宜，得“中实”之趣方好；其字主笔多向外延伸，显中宫紧密严谨，尤其右边之竖笔，常向上夸张延伸，更显其超人之胆识，这些皆为“欧字”用笔独特之处。

在欧阳询之作品中，《化度寺碑》少其变化之丰，《温彦博墓志铭》逊其温润之势，独此碑寓险峻于平正之中，融丰腴于瘦硬之内，含韵致于法度之外，兼纳南派和雅与北派雄劲。

《九成宫醴泉铭》是欧阳询75岁时的作品，最能代表他的书法水平。《宣和书谱》誉之为“翰墨之冠”；宋代的赵孟頫说：“清和秀健，古今一人。”

（2）虞世南

虞世南，唐书法家，字伯施，越州余姚人，工书法，亲承王羲之七世孙智永传授，妙得其体。所书笔致圆融遒逸，外柔内刚，风神潇洒，骨力遒劲，后开一家之新面貌。唐代张怀瓘在《书断》中称:“其书得大令之宏观，含五方之正气，姿荣秀出，智勇在焉。秀岭危峰，处处间起，行草之际，尤所偏工。及其暮齿，加以遒逸。”与欧阳询、褚遂良、薛稷并称为“唐初四大家”。

他的楷书碑刻有《孔子庙堂碑》《破邪论》，墨迹有《汝南公主墓志铭》《左脚帖》《东观帖》《醒带帖》《积时帖》等，另编有《北堂书钞》160卷行世。

虞世南其人性喜沉静，清心寡欲，精思读书，博达古今，才情横溢；其笔致圆润遒逸，潇散洒落，有六朝余韵。其书法刚柔并重，骨力遒劲，行笔流畅，继承了王羲之外拓法而别树一帜，其字“积雄劲为内势，化刚柔为一体”，世称“虞体”。

《孔子庙堂碑》即是他的代表作。此碑为虞世南69岁时所书，该碑笔力遒劲，气力内沉，从容向外；点画之间，信手拈来，舒卷自如，如玉树临风、纤尘不染，突显雍容华贵、端庄优美之姿，体现其书论中“冲和”之旨。

此碑书法俊朗圆腴，端雅静穆，是初唐碑刻中的杰作，也是历代金石家和书法家公认的“虞书”妙品。

宋代黄庭坚有诗云：“孔庙虞书贞观刻，千两黄金那购得？”可见原拓本于北宋时已不多见了，亦可从此处得见此碑之珍贵。

其原碑早已毁没，后世主要有宋元两种翻刻本：一为宋代王彦超摹刻于陕西西安，俗称“陕本”；二为元朝至正年间重刻于山东城武，俗称“城武本”。后至清时，临川李宗瀚得唐石原拓本，世称“唐拓”。现世所见之《孔子庙堂碑》即是以李氏所藏唐拓为底本、缺字以“陕本”补全后合并而成之碑帖。

虞世南除于书法上独树一帜外，且于书论上亦有建功，为唐初有书学理论并影响后世之第一人，他所撰写的《笔髓精》既有对楷书、行书、草书等书体的评述和技法之精要分析，更提出以“冲和”为主的美学见解，精辟而独到，足见其于书法、美学上深思之力。

（3）褚遂良

褚遂良，初唐杰出书法家，字登善，钱塘人氏，官至“河南郡公”。

大书法家虞世南死后，唐太宗感叹“从此没有人可以与他讨论书法”时，魏徵推荐褚遂良，说他“下笔遒劲，甚得王逸少（王羲之）体”，后太宗下诏召褚遂良为“侍读直学士”。贞观二十三年（649），唐太宗病危时，命褚遂良和长孙无忌同为“顾命大臣”，辅佐“太子”李治。高宗即位后，封褚遂良为“河南郡公”，后累迁至吏部尚书、尚书右仆射等，位极人臣；此后，因极力反对唐高宗废王皇后而立武则天为“皇后”，被贬官流放至桂林，后再贬至安南，直到去世。

褚遂良博涉文史，尤工书法。其书初学虞世南，后师法王羲之，下笔古雅绝俗，正书丰润流畅，行则变化多姿、气势俊秀。其字对后世书风影响甚大，故世人将他与欧阳询、虞世南、薛稷并称“唐初四大家”。

杜甫有诗句云：“书贵瘦硬方通神”，《雁塔圣教序》表现的正是“瘦硬通神”之韵味。宋代董逌《广川书跋》中亦说：“疏瘦劲练，又似西汉，往往不减铜筩等书，故非后世所能及也。昔逸少所受书法，有谓‘多骨微肉者筋书，多肉微骨者墨猪；多力丰筋者圣，无力无筋者病’。河南（指褚遂良）岂所谓瘦硬通神者邪？”

《雁塔圣教序》碑为褚书中最杰出者，其字圆润瘦劲，笔法娴熟老练；其时，褚遂良已步入老年，故其为唐楷已创出了规范，因而他在字体结构上改变了欧、虞二人的长形字，创造出看似纤瘦，实则劲秀的字体。

（4）颜真卿

颜真卿，京兆万年（今陕西西安）人，字清臣，为我国书法史上的“楷书四大家”之一。曾任平原（今属山东）太守，官至吏部尚书、太子太师，封“鲁郡公”，世称“颜平原”“颜太师”“颜鲁公”。颜真卿在“安禄山之乱”时，固守平原城，为义军盟主，后前往劝降叛将李希烈时不幸遇害。

颜真卿的书法，初学褚遂良，后请教有“草圣”之誉的张旭，深悟笔法要旨；后参考并运用篆书的笔意来写楷书，以致有所创新，遂变初唐楷书“瘦硬清劲”而为“雄强茂密”，能熔篆、隶、楷、行、草于一炉，有如“折钗股，屋漏痕”，又如“以印印泥，以锥画沙”；其楷书笔力丰满、端庄雄伟，方严正大，朴拙雄浑，且气势森严，颇具法度；行书则“遒劲郁勃、阔达自如”，书风区别于“二王”（王羲之、王献之）和唐初诸书家，因独特之笔法，故世人称其字为

“颜体”。

颜真卿的书法既有前贤书体的气韵和法度，又不为古法所缚，后突破唐初楷书成规，自成一体，为“圆笔”之开创者，后人称之为“颜体”，与书法家柳公权并称为“颜筋柳骨”。世人说王羲之是书法中“尚韵”的最高典范，颜真卿则为“尚法”的最高榜样。唐人《书评》论其书：“如荆卿按剑，樊哙拥盾，金刚嗔目，力士挥拳。”可见对其极为推崇。其书风格影响所及，延绵至今。

他的墨迹较多，墨迹中楷书有《自书告身》，行书有《祭侄文稿》《刘中使帖》，碑刻则有《争坐位帖》《多宝塔碑》《东方画赞》《颜家庙碑》《麻姑仙坛记》《颜勤礼碑》《中兴颂》《八关斋记》等；其文章后人辑有《颜鲁公文集》行世。

《祭侄文稿》乃颜真卿为祭奠于“安史之乱”中就义的侄子颜季明所作。唐天宝十四年（755），安禄山谋反，平原太守颜真卿联络其从兄常山太守颜杲卿起兵讨伐叛军。次年正月，叛军攻陷常山，颜杲卿及其少子季明先后遇害。唐肃宗乾元元年（758），颜真卿命长侄往河北寻得季明首骨而归，于是挥泪写下这篇感人至深、留芳千古的祭文。

《祭侄文稿》因是祭文，是颜真卿有感而发的，故笔迹急促、匆忙，涂抹删补处随时可见；纵观全篇，悲愤慷慨之气、苍凉悲壮之情溢于笔端，至“贼臣不救，孤城圈逼”时，有百感交集之愤激，故其字于此狂涛倾泻，字形也变得时大时小，行距忽宽忽窄，用墨燥润相间，笔锋藏露并用；至“呜呼哀哉”时，情感顿达高潮，因而所书随情挥，其实是字由心发，神气所注，故而宛如天成，整篇皆从内心之流露。

《祭侄文稿》为作者情之所至、无意作书，故写得起伏跌宕、神采飞扬，得自然之妙；且以真挚情感运于笔墨，悲壮哀伤注入其间，其字不计工拙、随意无拘，纵笔豪放，血笔交融而一气呵成，故得神来之笔，被后人誉为“天下第二行书”。元代鲜于枢《跋》语谓：“《祭侄季明文稿》，天下行书第二。”元代陈深说：“《祭侄季明文稿》，纵笔浩放，一泻千里；时出遒劲，杂以流丽。或若篆籀，或若镌刻，其妙解处，殆若天造。岂非当时注思为文，而于字画无意于工，而反极工耶？”

清代王项龄《跋》：“鲁公忠义光日月，书法冠唐贤。片纸只字，是为传世之宝。况祭侄文尤为忠愤所激发。至性所郁结，岂止笔精墨妙，可以振铄千古者乎。”

《多宝塔碑》，全称《大唐西京千福寺多宝塔感应碑》，天宝十一年（752）四月廿日建，岑勋撰文，颜真卿书丹，徐浩题额，史华刻字，现藏西安碑林，是他继承传统的作品。《书画跋》：“此是鲁公最匀稳书，亦尽秀媚多姿，第微带俗，正是近世撰史家鼻祖。”

（5）柳公权

柳公权，字诚悬，京兆华原（今陕西铜川）人，官至太子少师。工书，尤以楷书闻名。初学王羲之，后师颜真卿、欧阳询，用笔遒健，字体结构俊秀严紧、刚劲有力，尤以骨力胜人一筹，其书对后世影响很大，故后人将他与书法家颜真卿并称为“颜筋柳骨”。

柳公权的楷书，书体开展，中宫密集，重心偏高，而以撇、捺等加以支撑，给人以俊秀之感，法度极为森严；“柳体”起笔、收笔无法则可循，顿挫提按也没有规矩可依；其笔大体均匀，且棱角分明。

柳公权学“颜体”，一变宽博丰润而为紧峭俊秀，化凝重端正为犀利遒健，偏重骨力，给人以“俊俏英伟”之感，故有“颜筋柳骨”之誉。北宋朱长文《墨池编》中评其书云：“正书及行楷皆妙品之最，草不失能，盖其法出于颜，而加以遒劲丰润，自名一家。”

他博览群书，才华出群，出口成章，对答如流。一次陪文宗到未央宫，轿车刚停，文宗就令他以数十言颂之。公权一视，出口成章，左右逢源，言辞流利优美，无不惊叹。文宗又笑着说：“卿再吟诗三首，称颂太平。”公权毫无难色，慢步高歌，七步三首，文宗感叹地说：“曹子建七步成诗，卿七步诗三首，真乃奇才也。”

柳公权历经了唐朝代、德、顺、宪、穆、敬、文、武、宣、懿十代皇帝，官至太子少师、紫光禄大夫上柱国、河东郡开国公。咸通六年（865）逝世，享年88岁，葬于耀县阿子乡让义村，墓前有清代乾隆陕西巡抚毕源立碑，上书“唐太子太师河东郡王柳公权墓”。

《神策军碑》是柳公权楷书的代表作之一。此碑结体布局平稳匀整，保留了左紧右舒的传统结构。运笔方圆兼施、运用自如；笔画敦厚方正、沉着稳健，表现了柳体楷书浑厚、开阔的典型风格。正如岑宗旦《书评》云：“（柳书）如辕门列兵，森然环卫。”清代孙承泽跋文说：“柳学士所书神策军纪圣德碑，风神整峻，气度温和，是其生平第一妙迹。”

《玄秘塔碑》是柳公权的代表作，其体中宫紧密，四周疏放，笔书向内攒聚，向外辐射，撇高捺低，表现出静中有动的超逸姿态。

其书初学王羲之，后融北碑方笔于楷书，取“欧体”之密瘦硬险峻，又削减“颜体”之肥厚丰满；结体中宫紧缩，四角宽博开张；用笔瘦硬挺劲，骨峻气宏，自成一家，人称“柳体”。

柳公权的书法遒劲俊媚，用笔、结体都有其独到之处。他在用笔方面非常注重法度，讲究“精确干脆、一丝不苟”，尤其对笔画的始末笔端特别注重，方落、圆收，或方圆兼施，以求准确无误。其字短线浑厚有力，长线刚挺有质，似有弹性。挑、钩、折等用笔自如，锋出锐利，有“势不可当”之态；此外，柳体运笔多用中锋，以腕力行之，故线条纯厚、质朴苍劲，可谓“笔正”之典范。

柳公权的书法尤以楷书为佳，其笔法、结构已达炉火纯青之地步，对当时以及后世都产生了极大的影响。据史书载，当时的公卿大臣家的碑刻墓志如不是

“柳体”所书就以为不孝，足见其影响之大。

（6）张旭

张旭，唐朝大书法家，字伯高，吴郡（治今江苏苏州）人，官至金吾长史，世称“张长史”。其母陆氏为初唐书家陆柬之的侄女，即虞世南的外孙女。陆氏世代以书传业，有称于史。张旭为人洒脱不羁，豁达大度，卓尔不群，才华横溢，学识渊博。他擅长“狂草”，号称“草圣”。因其为人性格豪放，好饮酒，善写诗，与当时著名诗人李白、贺知章等人交往甚密，人称“酒中八仙”。唐人好以书饰壁，相传张旭往往大醉后呼叫狂走，然后挥笔狂写，故世人呼“张颠”。其草书“行笔如从空掷下，俊逸流畅，焕乎天光，若非人力所为”。意蕴超妙，行笔非凡。

张旭的书法，初学“二王”，端正谨严，规矩至极，传世《郎官石柱记》可见其楷法笔法，然而，最能代表其书法创造性成就的，则是他的狂草作品。其善于在生活中观察体悟，据其自称，他的书法是见公主与担夫争道而得其意［大意谓“略甚狭窄而又势在必争，妙在主次揖让之间能违而不犯”（典出唐代李肇《国史补》），从而领悟到书法的结构布白“进退参差有致，张弛迎让有度”的书法意境——此即所谓“担夫争道”之典故由来]，后观公孙氏舞剑而得其神，自此书艺大进。

《肚痛帖》草书6行30字，笔墨纵横，一气呵成。《肚痛贴》是张旭狂草的代表作，此帖写得纵横飞扬，精灵跳跃，犹如灵兔奔走，疏狂的笔法使字形结体动荡，但通篇看去却很平稳。《古诗四帖》以其崭新、高美的形式，巨大的气魄开雄伟壮润之篇章。明代王世贞跋云：“张长史《肚痛帖》及《千字文》数行，出鬼入神，倘恍不可测。”

高适在《醉后赠张旭》中赞云：“兴来书自圣，醉后语尤颠。”杜甫亦云：“张旭三杯草圣传，脱帽露顶王公前，挥毫落纸如云烟。”张旭狂草，出乎天性，而力运自发，宛如天成。

欧阳修在《集古录》中说：“旭以草书知名，而《郎官石记》真楷可爱。”丰道生跋：“行笔如从空掷下，俊逸流畅，焕乎天光，若非人力所为。”《宣和书谱》中评说：“其名本以颠草，而至于小楷行草又不减草字之妙，其草字虽然奇怪百出，而求其源流，无一点画不该规矩者。”

他精工楷书、草书，尤以草书著称。他的书法得于“二王”，而又独创新意。楷书《郎官石柱记》，取欧阳询、虞世南，笔法端庄严谨、不失规矩，展现楷书之精妙。

旧时，常熟城内曾建有“草圣祠”，祠内有一副楹联，云：“书道入神明，落纸云烟，今古竞传八法；酒狂称草圣，满堂风雨，岁时宜奠三杯。”可见其书法之精湛。

书法大家颜真卿曾向他请教笔法，怀素继承和发展了他的草法，后以“狂草”得名，对后世影响很大。其草书与李白诗歌、裴旻剑舞并称为“三绝”。

唐代韩愈竭力推崇其书，在《送高闲上人序》中称：“旭善草书，不治他技，喜怒窘穷，忧悲愉佚，怨恨思慕，酣醉无聊不平，有动于心，必于草书焉发之。观于物，见山水崖谷，鸟兽虫鱼，草木之花实，日月列星，风雨水火，雷霆霹雳，歌舞战斗，天地事物之变，可喜可愕，一寓于书。故旭之书，变动犹鬼神，不可端倪，以此终其身而名后世。”

张旭狂草，笔墨纵横，然能左右逢源、游刃有余。《宣和书谱》云：“其草字虽奇怪百出，而求其源流，无一点画不该规矩者，或谓张颠不颠是也。”此言或许最为恰当。

其书博大清新，纵逸豪放之处，远超前代，颇具盛唐气象。传世书迹除楷书《郎官石柱记》外，草书有《肚痛帖》《古诗四帖》等较为著名。

#### 4. 宋元时期

（1）蔡襄

蔡襄，字君谟，北宋书法家，擅篆、籀、楷、隶、行、草等体。蔡襄为人忠厚、正直，讲究信义，学识渊博。书法史上论及宋代书法，素有苏、黄、米、蔡“四大书家”的说法，他们四人被认为是宋代书法的典型代表。“宋四家”中，前三家分别指苏轼（东坡）、黄庭坚（涪翁）和米芾（襄阳漫士）。宋四家中，蔡襄年龄辈分，应在苏、黄、米之前。从书法风格上看，苏轼丰腴跌宕，黄庭坚纵横拗崛，米芾俊迈豪放，他们书风自成一格，苏、黄、米都以行草、行楷见长，而只有蔡襄喜欢写规规矩矩的楷书。其书正楷端庄沉着，行书温淳婉媚，为时人所重。

蔡襄的字“端劲高古，容德兼备”。《自书诗帖》得鲁公笔法而修于鲁公书，可为楷则。沈括说他善于

“以散笔作草书，谓之散草，或曰飞草，其法皆生于飞白，自成一家”。这说蔡襄虽追求古趣，但不是“泥古不化”的，敢于创新。

《东坡题跋》称：“‘蔡君谟独步当世’此为至论。君谟行书第一，小楷第二，草书第三；就其所长而求其所短，大字为小疏也。天资既高，辅以笃学，其独步当世宜哉。”明代陶宗仪《书史会要》云：“君谟工字学，大字矩数尺，小字如毫发，笔力位置，大者不失缜密，小者不失宽绰。”米芾《海岳名言》评其书：“如少年女子体态娇娆，行步缓慢，多饰铅华。”

传世墨迹有《谢赐御书诗》和书札、诗稿等；碑刻有《万安桥记》《昼锦堂记》等。著有《茶录》《荔枝谱》，及后人所辑《蔡忠惠公集》等。

蔡襄官至端明殿学士，知杭州，卒谥“忠惠”。擅篆、籀、楷、隶、行、草等书体，楷书师法颜真卿，结体端严，体格恢宏；行书得晋人风韵，潇洒简逸。论书应注重“神、气、韵”，崇尚古法。他上承唐代书法，下开宋代新风，与苏轼、黄庭坚、米芾并称“宋四家”。

蔡襄书法浑厚端庄、淳淡婉美，其正楷端重沉着，行草温淳婉丽。其书法在其生前就受时人推崇备至，极负盛誉，最推崇他书艺的人数苏东坡、欧阳修。

在“宋四家”中，苏轼、黄庭坚、米芾都以行草见长，而蔡襄却以楷书著称。其书法师从褚遂良、颜真卿，兼取晋人法则；其字端正沉着、雄伟遒丽。米芾、苏东坡、黄庭坚、欧阳修对他的书法都十分推崇。

欧阳修说：“自苏子美死后，遂觉笔法中绝。近年君谟独步当世，然谦让不肯主盟。”（《欧阳文忠公集》）

许将《蔡襄传》说：“公于书画颇自惜，不妄为人，其断章残稿人悉珍藏，仁宗尤爱称之。”

《自书诗帖》是其行书代表作，整篇神气连贯，笔意温婉清隽，犹有王羲之的《兰亭》遗风。传世墨迹有《茶录》《牡丹谱》《与杜长官帖》，石刻《万安桥记》《昼锦堂记》等；后人辑有《蔡忠惠集》传世。

（2）苏轼

苏轼是北宋著名的文学家、书画家。他与他的父亲苏洵、弟弟苏辙皆以文学闻名于世，世称“三苏”。他与唐代的韩愈、柳宗元和宋代的欧阳修、苏洵、苏辙、王安石、曾巩合称“唐宋八大家”；又与黄庭坚、米芾、蔡襄被称为最能代表宋代书法成就的书法家，合称为“宋四家”。

元丰二年（1079），苏轼到任湖州还不到三个月，因有人说他作诗讽刺“新法”，故有“文字毁谤君相”的罪名，后被捕下狱，史称此事件为“乌台诗案”。元祐六年（1091），他又被召回朝，但不久又因为政见不合，被外放颍州。元祐八年（1093）他以“讥刺先朝”罪名，贬为惠州安置，再贬为儋州（今海南省儋县）别驾、昌化军安置。徽宗即位，调廉州安置、舒州团练副使、永州安置。元符三年（1100）大赦，复任朝奉郎，北归途中卒于常州，谥号“文忠”，时年六十六岁。

黄庭坚在《山谷题跋》中说：“东坡书如华岳山峰，卓立参昂，虽造物之炉锤，不自知其妙也。余谓东坡书，学问文章之气郁郁芊芊，发于笔墨之间，此所以他人终莫能及耳。”又说：“至于笔圆而韵胜，挟以文章妙天下，忠义贯日月之气，本朝善书者，自当推为第一。”

存世书迹著名者，有《前赤壁赋》《答谢民师论文帖》《祭黄几道文》《黄州寒食诗帖》《洞庭春色中山松醑两赋合卷》；此外，尚有《一夜帖》《久上人帖》《子由梦中诗帖》《与子厚书》《天际乌云帖》《董侯帖》等；碑刻有《丰乐亭记》、《司马温公碑》、《表忠观碑》、《苏子丹碑》（亦称《罗池庙迎送神辞碑》）、《醉翁亭记》等。

另有，《与若虚帖》《答钱穆父诗帖》《付颖沙弥二帖》《遗过于帖》《次韵秦太虚诗帖》《与郭廷评书帖》《与宣猷丈帖》《渔父破子词帖》《武昌西山诗帖》《石恪画维摩赞帖》《鱼枕冠颂帖》《致道源四帖》等已收入《三希法帖》。

苏轼字子瞻，又字和仲，号东坡居士；人称“玉局”“长公”“雪堂”，谥“文忠”，眉州眉山（今属四川）人。嘉祐进士，历官翰林学士、端明殿侍读学士、礼部员外郎，至兵部尚书，礼部尚书；苏轼生平喜爱提拔后进，著名诗人和书法家黄庭坚、北宋著名词人秦观等人均出其门下。

《前赤壁赋》将苏轼的旷达胸襟、高洁灵魂及超逸优游的心境体现了出来，故明代董其昌赞扬此书墨法云：“每波画尽处每每有聚墨痕，如黍米珠，恨非石刻所能传耳。”

苏轼的书法，主要是行书和楷书，楷书也含有行书的韵味。其书法初学“二王”，后学李邕、徐浩，中年以后又学颜真卿、杨凝式，继而自成一格。其字特色，以“笔圆韵”胜，即丰肥而有气韵。他曾说过：“作字之法，识浅、见狭、学不足，三者终不能尽妙；我则心、目、手俱得之矣。”

其书集众家之长，开创“刚健婀娜、丰腴圆润”的“苏体”，后启“宋代尚意”的独特风格。与黄庭坚、米芾、蔡襄并称“宋四家”。黄庭坚在《山谷题跋》中称：“蜀人不能书，而东坡独以翰墨妙天下。”

黄庭坚曾题字云：“东坡道人少时学《兰亭》，故其书姿媚似徐浩；至于酒酣放浪，能忘工拙时，瘦硬字乃似柳诚悬。中年喜学颜鲁公、杨风子书，其合处不减李北海。至于笔圜而韵胜，挟以文章妙天下，忠义贯日月之气，本朝善书者自当推为‘第一’。数百年后，必有知余此论者。”

其子苏过在《斜川集》中说：“吾先君子，岂以书自名哉。特以其至大至刚之气发于胸中，而应之于手，故不见其有刻画妩媚之工，而端章甫若，有不可犯之色。”

苏轼的著述宏丰，其文章风格平易流畅、豪放自如。

（3）米芾

米芾，一作黻，字元章，号鹿门居士、襄阳漫士、海岳外史，祖籍太原（今属山西），迁襄阳（今湖北襄樊），世称“米襄阳”；后定居润州（今江苏镇江），徽宗赵佶召为书画学博士，官至礼部员外郎，人称“米南宫”。相传，他爱古好奇，常穿了唐代服装在大街上四处走；又喜爱石头，看见奇石就下拜，呼之为“兄”，因其举止狂放或疯颠，故世称“米颠”。

米芾书法成就最大者是行书和草书。他能博取前人所长，用笔俊迈豪放，自谓“刷字”，意谓“运笔迅速而劲挺”，世有“风樯阵马，沉着痛快”之评。黄庭坚说：“元章书如快剑斫阵，强弩射千里，当所穿彻，书家笔势，亦穷于此。”他曾自述云：“善书者只有一笔，我独有八面。”后人更称赏他是“八面出锋”。

他的书法作品，大至诗帖，小至尺牍、题跋都具有“痛快淋漓、欹纵变幻、雄健清新”的特点，“快刀利剑”之气势。传世作品如《蜀素帖》《苕溪诗》

是其书风成熟时得意之作，用笔跌宕起伏，雄健异常，变化多端，为难得之书品。

《宣和书谱·行书六》称:“大抵书效羲之，诗追李白，篆宗史籀，隶法师宜官，晚年出入规矩，深得意外之旨。自谓善书者只得一笔，我独有四面，识者然之。”

曾自负能提笔作小楷，笔笔端谨，字如蝇头，而位置规模，皆若大字，然不肯多写。曾奉诏仿《黄庭》小楷，作周兴嗣《千字》韵语。

他学过很多名书法家的作品，临摹得十分逼真。据说他曾向朋友借了古书画，临摹后，将真迹和摹本一起交给物主，物主竟无法辨认。有人评说:“善临摹者，千古惟米老一人而已。”其擅画，曾创“米字点”，作夏雨图，苍茫沉郁，大雨滂沱，为世所重。

著有《宝晋英光集》《书史》《画史》《砚史》《海岳名言》《宝章待访录》等。行书书迹有《多景楼诗》《苕溪诗》《蜀素帖》《拜中岳铭》《三吴诗帖》《与景文书帖》《天马赋》《方圆庵记》《三帖卷》《跋陈摹褚本兰亭》《李太师帖》《张权帖》(一称《河事帖》)《张季明帖》《伯充台坐帖》《步辇图题名》《陈揽帖》《叔晦帖》《知府帖》《春和帖》《珊瑚帖》《复官帖》《诗跋褚摹兰亭》《紫金帖》《鹤林甘露帖》等；草书有《元日帖》《中秋登海岱楼二诗帖》《论草书帖》《吾友帖》《两三日帖》等，亦曾书《千字文》，其《鲁公仙迹记》原在湖州鲁公祠，石佚后已重刻。

米芾能诗文，擅书画，精鉴别，好收藏名迹，能以假乱真。他以行草书最著，博取前人所长，用笔俊迈豪放，有“风樯阵马，沉着痛快”之评。《宣和书谱》论其书：“大抵初效羲之”，“篆宗史籀，隶法师宜官，晚年出入规矩，深得意外之旨”。

《蜀素帖》笔法苍老凝练，行笔涩劲，沉稳爽利，世有“清雅绝俗，超神入妙”之叹。其书体虽属宋朝简札书风，是“二王”及唐、五代书风的延续，但细察似乎与前人书法无一相似之处，是米芾自家风格的最好体现。明代董其昌跋曰：“米元章此卷，如狮子捉象，以全力赴之，当为生平合作。”

米芾的用笔特点，主要是善于在正侧、偃仰、向背、转折、顿挫中形成“飘逸超迈”的气势以及“沉着痛快”的风格。米芾的书法中常有侧倾的体势，欲左先右，欲扬先抑，都是为了增加跌宕跳跃的风姿、骏快飞扬的神气，以浑厚功底作前提，故而出于天真自然，绝非“矫揉造作”；章法上，重视整体气韵，兼顾细节的完美，成竹在胸，书写过程中随遇而变，独出机巧。

其画山水出自董源，天真发露，不求刻意，多用水墨点染，自谓“信笔作之，多以烟云掩映树石，意似便已”。子友仁继父法有所发展，自称“墨戏”，画史上有“米家山”“米氏云山”和“米派”之称。

米芾还爱砚。砚为“文房四宝”之一，为书画家必备之物。米芾于砚，素有研究，有《砚史》一书，据说对各种古砚的品样，及端州、歙州等石砚的异同优劣均有详细的辩论，倡言“器以用为功，石理以发墨为上”。其子米友仁书法继承家风，亦为一代书家。

（4）赵孟頫

赵孟頫，元代大书法家。其书风探远源古，力追“二王”，斟酌隋、唐风格，一变而为宋代“习尚”；其用笔流丽圆转、骨力秀劲，呈现出富有个性的娇美风格，自成一家，世称“赵体”。

赵孟頫，字子昂，号松雪道人，湖州人（今属浙江）。他是宋朝的宗室，宋亡后仕元，深受元世祖和元仁宗的宠遇，被授予各种官职，在政治上相当显赫。但因他是宋宗室而为元朝高官，故颇为宋朝遗民所轻视，且常遭到蒙古贵族中一些人的反对，因而心情矛盾，故他的诗文中常会流露出抑郁之情，并将大量精力用在书画创作中。

书法则工篆书、隶书、真书、行书、草书，各体皆能；早年曾学宋高宗的字，中年后取法“二王”和智永（僧），晚年则师法李邕，兼取颜真卿、米芾之长，最后兼容并包、取众之长，形成了“结体严整、运笔圆熟、姿态妍媚”的“赵体”。

存世书迹甚多。正书有《玄妙观重修三门记》《妙严寺记》《信心铭》《续千字文卷》；小楷有《汲黯传》《道统源流册》《道德经》《道统生神章》；章草有《临急就章》；行书有《洛神赋》《绝交书》《临兰亭序》《临集王书圣教序》《胆巴碑》《心赋》《雪赋》《湖州妙严寺记》《归田赋》《兰亭十三跋》等。此外，所书碑石也不少，其中《张天师神道碑》存北京朝阳门外东岳庙。松江有其《松江宝云寺记》。

在绘画上，无论山水、人物、花鸟、竹石、鞍马，孟頫无所不能；工笔、写意、青绿、水墨，亦无所不精。据说他自五岁起学书，几无间日，直至临死前尚“观书作字”，对书法可谓“情有独钟”。其提出“作画贵有古意”“云山为师”“书画本来同”等法度，颇为后人所重。

他善篆、隶、真、行、草书，尤以楷、行书著称于世,《元史·本传》云:“孟頫篆、籀、分、隶、真、行、草无不冠绝古今，遂以书名天下。”元代鲜于枢《困学斋集》称:“子昂篆、隶、真、行、颠草为当代第一；小楷又为子昂诸书第一。”其书风遒媚俊秀、清雅飘逸，结体严整端庄，笔法圆熟妙丽，世称“赵体”。其与颜真卿、柳公权、欧阳询并称为“楷书四大家”。

赵孟頫所书，尤其擅长楷书和行草。其小楷，书体备极楷则，墨迹如《道德经》等；其大楷，书体法度森严，如《胆巴碑》《玄妙观重修三门记》等；其行草，书体优美洒脱，墨迹如《洛神赋》《兰亭十三跋》等，时人有评云“花舞风中，云生眼低”。

## 三、谈写字的方法

我到闽南这边来，已经有十年之久了。

前几年冬天的时候，我也常到南普陀寺来，看到大殿、观音殿及两廊旁边的栏杆上，排列了很多很多的花。尤其正在过年的时候，更是多得很。

其中有一种名叫“一品红”（闽南人称为圣诞花，其顶端之叶均作红色，学名为 Euphorbia Pulcherrima）的，颜色非常鲜明，非常好看，可以说是南国特有的一种风味，特有的色彩。每当残冬过去，春天快到来的时候，把它摆出来，好像是迎春的样子，而气象确也为之一新。

我于去年冬天到这里来，心中本来预料着，以为可以看到许多的“一品红”了。岂知一到的时候，空空洞洞，所看到的，尽是其他的花草，因而感到很伤心。为什么？以前那么多的“一品红”，现在到哪里去了呢？找来找去，找了很久，只在那新功德楼的地方，发现了三棵，都是憔悴不堪，颜色不大鲜明，很怨惨的样子。也没有什么人要去赏玩了。于是使我联想到佛教养正院：过去的时候，也曾经有很光荣的历史，像那些“一品红”一样，欣欣向荣，有无限的生机。可是现在，则有些衰败的气象了。

养正院开办已经三年了，这期间，自然有很多可纪念的史迹。可是观察其未来，则很替它悲观，前途很不堪设想。我现在在南普陀这里，还可以看到养正院的招牌，下一次再来的时候，恐怕看不到了。这一次，也许可以说是我“最后的演讲”。

（1）这一次所要讲的，是这里几位学生的意思——要我来讲关于写字的方法。

我想写字这一回事，是在家人的事，出家人讲究写字有什么意思呢？所以，这一次讲写字的方法，我觉得很不对。因为出家人假如只会写字，其他的学问一点不知道，尤其不懂得佛法，那可以说是佛门的败类。须知出家人不懂得佛法，只会写字，那是可耻的。出家人唯一的本分，就是要懂得佛法，要研究佛法。不过，出家人并不是绝对不可以讲究写字的，但不可用全副精神去应付写字就对了。出家人固应对于佛法全力研究，而于有空的时候，写写字也未尝不可。写字如果写到了有个样子，能写对子、中堂来送与人，以作弘法的一种工具，也不是无益的。

倘然只能写得几个好字，若不专心学佛法，虽然人家赞美他字写得怎样的好，那不过是“人以字传”而已。我觉得：出家人字虽然写得不好，若是很有道德，那么他的字是很珍贵的，结果都是能够“字以人传”。如果对于佛法没有研究，而且没有道德，纵能写得很好的字，这种人在佛教中是无足轻重的了。他的人本来是不足传的。即能“人以字传”——这是一桩可耻的事，就是在家人也是很可耻的。

今天虽然名为讲写字的方法，其实我的本意是要劝诸位来学佛法的。因为大家有了行持，能够研究佛法，才可利用闲暇时间，来谈谈写字的法子。

关于写字的源流、派别，以及笔法、章法、用墨……古人已经讲得很清楚了。而且有很多的书可以参考，我不必多讲。现在只就我个人关于写字的心得及经验随便来说一说。

诸位写字的成绩很不错。但是每天每个人只限定写一张，而且只有一个样子，这是不对的。每天练习写字的时候，应该将篆书、大楷、中楷、小楷四个样子，都要多多的写与练习。如果没有时间，关于中楷可以略掉；至于其他的字样，是缺一不可的。且要多多的练习才对。

我有一点意见，要贡献给诸位。下面所说的几种方法，我认为是很重要的。

（2）我对于发心学字的人，总是劝他们先由篆字学起。为什么呢？有几种理由：

第一，可以顺便研究《说文》，对于文字学，便可以有一点常识了。因为一个字一个字都有它的来源，并不是凭空虚构的，关于一笔一划，都不能随随便便乱写的。若不学篆书，不研究《说文》，对于文字学及文字的起源就不能明白——简直可以说是不认得字啊！所以写字若由篆书入手，不但写字会进步，而且也很有兴味的。

第二，能写篆字以后，再学楷书，写字时一笔一划，也就不会写错的了。我以前看到养正院几位学生所抄写的稿子，写错的字很多很多。要晓得：写错了字，是很可耻的——这正如学英文的人一样，不能把字母拼错一个。若拼错了字，人家怎么认识呢？写错了我们自己的汉文字，更是不可以的。我们若先学会了篆书，再写楷字时，那就可以免掉很多错误。此外，写篆字也可以为写隶书、楷书、行书的基础。学会了篆字之后，对于写隶书、楷书、行书就都很容易——因为篆书是各种写字的根本。

若要写篆字的话，可先参看《说文》这一类的书。有一部清人吴大澂的《说文部首》，那是不可缺少的。

因为这部书很好，便于初学，如果要学写字的话，先研究这一部书最好。

既然要发心学写字的话，除了写篆字外，还有大楷、中楷、小楷，这几样都应当写。我以前小孩子的时候，都通通写过的。至于要学一尺、二尺的字，有一个很简便的方法：那就可用大砖来写，平常把四块大砖拼合起来，做成桌子的样子，而且用架子架起来，也可当桌子用；要学写大字，却很方便，而且一物可供两用了。

大笔怎样得到呢？可用麻扎起来做大笔，要写时，就可以任意挥毫。大砖在南方也许不多，这里倒有一个方法可以替代：就是用水门汀拼起来成为桌子。而用麻来写字，都是一样的。这样一来，既可练习写字，而纸及笔，也就经济得多了。

篆书、隶书乃至行书都要写，样样都要学才好；一切碑帖也都要读，至少要浏览一下才可以。照以上的方法学了一个时期以后，才可专写一种或专写一体。这是由博而约的方法。

（3）至于用笔呢？算起来有很多种，如羊毫、狼毫、兔毫……等。普通是用羊毫，紫毫及狼毫亦可用，并不限定哪一种。最要注意的一点：就是写大字须用大笔，千万不可用小笔！用小的笔写大字，那是错误的。宁可用大笔写小字，不可以用小笔写大字。

还有纸的问题。市上所售的油光纸是很便宜的，但太光滑很难写。若用本地所产的粗纸，就无此毛病了。我的意思：高年级的同学可用粗纸，低年级的可用油光纸。

此地所用的有格子的纸，是不大适合的，和我们从前的九宫格的纸不同。以我的习惯而论，我用九宫格的方法，就不是这个样子。

若用这种格子的纸，写起字来，是很方便的，这样一来，每个字都有规矩绳墨可守。如写大楷时，两线相交的地方，成了一个十字形，就不致上下左右不相对称了。要晓得：写字总不能随随便便。每个字的地位要很正，要不偏左不偏右，不上不下，要有一定的标准。因为线有中心点，初学时注意此线，则写起来，自然会适中很“落位”了。

平常写字时，写这个字，眼睛专看这个字，其余的字就不管，这也是不对的。因为上面的字，与下面的字都有关系的——即全部分的字，不论上下左右，都须连贯才可以。这一点很要紧，须十分注意。不可以只管写一个字，其余的一切不去管它。因为写字要使全体都能够配合，不能单就每个字去看的。

再有一点须注意的：当我们写字的时候，切不可倚在桌上，须使腕高高地悬起来，才可以运用如意。

写中楷悬腕固好，假如肘部要倚着，那也无妨。至于小楷，则可以倚在桌上，不必悬腕的。

（4）以上所说的，是写字的初步法门。现在顺便讲讲关于写对联、中堂、横披、条幅等的方法。

我们写对联或中堂，就所写的一幅字而论，是应该有章法的。普通的一幅中堂，论起优劣来，有几种要素须注意的。现在估量其应得的分数如下：

章法：五十分

字：三十五分

墨色：五分

印章：十分

就以上四种要素合起来，总分数可以算一百分。其中并没有平均的分数。我觉得其差异及分配法，当照上面所分配的样子才可以。

一般人认为每个字都很要紧，然而依照上面的记分，只有三十五分。大家也许要怀疑，为什么章法反而分数占多数呢？就章法本身而论，它之所以占着重要的原因，理由很简单，在艺术上有所谓三原则。即：统一、变化、整齐。

这在西洋绘画方面被认为是很重要的。我便借来用在此地，以批评一幅字的好坏。我们随便写一张字，无论中堂或对联，将字排起来，或横或直，首先要能够统一：字与字之间，彼此必须相联络、互相关系才好。但是单只统一也不能的，呆板也是不可以的，须当变化才好。若变化得太厉害，乱七八糟，当然不好看。所以必须注意彼此互相联络、互相关系才可以的。

就写字的章法而论大略如此。说起来虽很简单，却不是一蹴可就的。这需要经验的，多多地练习，多看古人的书法以及碑帖，养成赏鉴艺术的眼光，自己能常去体认，从经验中体会出来，然后才可以慢慢地有所成就。

所谓墨色要怎样才可以？即质料要好，而墨色要光亮才对。还有印章盖坏了，也是不可以的。盖的地方要位置设中，很落位才对。所谓印章，当然要刻得好；印章上的字须写得好。至于印色，也当然要好的。盖用时，可以盖一颗、两颗。印章有圆的、方的、大的、小的不一，且有种种的区别。如何区别及使用呢？那就要于写字之后再注意盖用，因为它也可以补救写字时章法的不足。

（5）以上所说的，是关于写字的基本法则。可当作一种规矩及准绳讲，不过是一种呆板的方法而已。

写字最好的方法是怎样？用哪一种的方法才可以达到顶好顶好的呢？我想诸位一定很热心地要问。

我想了又想，觉得想要写好字，还是要多多地练习，多看碑，多看帖才对，那就自然可以写得好了。

诸位或者要说，这是普通的方法，假如要达到最高的境界须如何呢？我没有办法再回答。曾记得《法华经》有云："是法非思量分别之所能解。"我便借用这句子，只改了一个字，那就是"是字非思量分别之所能解"了。因为世间无论哪一种艺术，都是非思量分别之所能解的。

即以写字来说，也是要非思量分别，才可以写得好的。同时要离开思量分别，才可以鉴赏艺术，才能达到艺术的最上乘的境界。

记得古来有一位禅宗的大师，有一次人家请他上堂说法，当时台下的听众很多，他登台后默默地坐了一会儿，以后即说："说法已毕。"便下堂了。所以，今天就写字而论，讲到这里，我也只好说"谈写字已毕"了。

假如诸位用一张白纸（完全是白的），没有写上一个字，送给教你们写字的法师看，那么他一定说："善哉善哉！写得好，写得好！"

诸位听了我所讲的以后，要明白我的意思——学佛法最为要紧。如果佛法学得好，字也可以写得好的。不久，会泉法师要在妙释寺讲《维摩经》，诸位有空的时候，要去听讲，要注意研究。经典要多多地参考，才能懂得佛法。

我觉得最上乘的字或最上乘的艺术，在于从学佛法中得来。要从佛法中研究出来，才能达到最上乘的地步。所以，诸位若学佛法有一分的深入，那么字也会有一分的进步。能十分地去学佛法，写字也可以十分的进步。

今天所说得已经很够了。奉劝诸位：以后要勤求佛法，深研佛法。

# 浅谈篆刻

## 缘起

承蒙诸位抬举，说我于篆刻有所深研，这些话实在过誉。既然诸位对敝人学篆刻的事感兴趣，那么敝人就略述个中简概，以供诸位参考！因我国篆刻艺术源远流长，从头讲起，恐篇幅太长而时间不许，故今日先略讲明代以前的篆刻发展，之后将从明代流派开讲——因明代以前，篆刻多用于官府，文人士子亦多不涉及；明以后，篆刻方为文人所自习，遂成文化大观。

篆刻，自商周始即应用于政治中，后影响所及更广，举凡政治、经济、军事、法律、文化、艺术乃至宗教，无不产生过密切联系；且其美术价值极高，故与书法、绘画最终鼎足而立，故不可轻视其艺术特性。经过几千年的发展与变革，至明清之际蔚为大观，终成独立之艺术。

篆刻起源，据考起自商周，那时多用于帝王之玺或官府之印。至春秋战国时期，刻印已有私用，间有当着饰物者；因当时小国林立，故篆刻之印因文化之差异而风格各异。

至秦汉时期，篆刻之法更趋成熟，因文化成就所影响——尤其汉代篆刻，其印面篆文与处理方法，一直为篆刻家追求的艺术境界，认为那是篆刻艺术难以逾越的艺术巅峰。

经魏晋南北朝而到隋唐时，因文化的高度发展，故篆刻也呈现出“中兴”气象，其中尤其是因皇帝的收藏以及用于鉴赏字画之印，因而隋唐时篆刻在继承之上有所发展。

到宋元时期，官印、私印比前代都有所增加，且于此时出现了文人自篆自刻的现象了，后人将元朝王冕视为文人自刻印章之第一人；又因赵孟頫、吾丘衍等文人提出篆刻复古的思想，加之古印谱的汇集与印刷业的发达，因而开文人篆刻之先河。此时的篆刻著作，较有名者如钱选的《钱氏印谱》、赵孟頫的《印史》（一卷）、吾丘衍的《古印式》（二卷）、吴睿的《汉晋印章图谱》、杨遵的《杨氏集古印谱》、陶宗仪的《古人印式》等，故篆刻至元代时已有长足的发展。

至明代时期，因文彭、何震、苏宣等人的爱好与成就，加上古印谱的印刷与流通，故令篆刻艺术于明朝一代大放异彩，后形成了不少流派；其中，以文彭、何震、苏宣最为杰出。

到清代时，篆刻更是达到空前的发展，其成就几乎可与汉代比肩。其时主要以汲古、创新为特色，流派纷现，个性分明，且不乏篆刻之大家，令篆刻又达一座新高峰。

以上为篆刻之艺术特点，简述如上，以利综观，详情容后再述。

## 一、明代篆刻

前面讲到，篆刻至元代时，已从官印扩充到私印，并出现文人自刻自篆之风。这主要是因为宫廷及民间辑录的古印谱增多，加上大书法家赵孟頫、吾丘衍等人的提倡，又因印刷业的发达，令印谱流传渐广，故篆刻至元代，不但开文人自刻之先河，且开复兴之气象。

明代时期，因印刷之便利、石材多样化，以及印学理论之兴起，于是文人篆刻渐成风气，致使文人流派异军突起，成为明代艺术风景线上一道亮丽的景色。其中，文彭、何震二人被世人认为是明后期最杰出的两大印家，对当时篆刻艺术影响极大。

1. 文彭

文彭，字寿承，号三桥，长洲（今江苏苏州市）人，书法家文徵明的长子，与弟弟文嘉一起称誉艺坛；曾任两京国子监博士，故世称“文博士”，他是明代中期著名的篆刻家，是明代篆刻史上的先驱者。

文彭曾尝试将青田石作刻印材料，很成功，后被文人广泛采用和传播；又因其身份显赫，又开风气之先河，故后人公认其为明代篆刻之领袖。时人对他评价较高，如朱简云：“德靖之间，吴郡文博士寿承氏崛起，树帜坫坛……自三桥而下，无不人人斯籀，字字秦汉，猗欤盛哉！”可见其影响所及。

据明代王野的评论，文彭的篆刻作品“法虽出入，而以天韵胜”。以其作品观之，其印以安逸清丽为主调，刻意师法汉代，但亦有宋元之遗风。以其书画作品上的钤印考之，后世认为出自文彭之手的，如“文彭之印”（朱、白各一）、“文寿承氏”、“文寿承父”、“寿承氏”、“三桥居士”等；常见者为“寿承氏”“七十二峰深处”二印。这些印的四周边栏都呈现严重剥蚀状，颇似金石所印效果，而这种洁净的篆法配以古朴边栏的处理方法，成为后世修饰印面技艺之先声。

综观其于篆刻之贡献，可分为二：一是开创以石材刻印，后遂成风气，开辟了石章之先河；二是师法秦汉，摈除宋元之流弊，有承前启后之功绩。他所开创的“吴门派”（亦称“三桥派”），开篆刻流派之端绪，故后人将他视为流派篆刻之开祖。

2. 何震

何震，字长卿，又字主臣，号雪渔，徽州婺源人（婺源，明清时期属于安徽徽州，现划归江西管辖，明代《徽州府志》《安徽通志》有记载），明代著名篆刻家，与文彭合称为“文何派”。

何震一生曾游历过江苏、浙江、上海、福建等地，是一位终生靠卖印为生的篆刻家。早年客居南京，曾与文彭探讨六书，终日不休。后来，由友人汪道昆（著名文学家，官至兵部左侍郎）引荐，后遍历边塞，因篆艺精到，故而名噪一时；晚年又回到南京，后居承恩精舍，“直至无钱，主僧为之含殓”。

何震一生对篆刻痴迷，而贡献亦大。他的作品多呈苍劲老练、持重稳重之势，用力刚猛，线条犀利，如“云中白鹤”一印即是；其他易见之精品，如“沽酒听渔歌”“兰雪堂”等印。

他的印颇具秦汉章法，对其作品也推崇备至，说其“白文如晴霞散绮、玉树临风，朱文如荷花映水、文鸳戏波……莫不各臻其妙，秦汉以后一人而已”。董其昌更有“小玺私印，古人皆用铜玉。刻石盛于近世，非古也；然为之者多名手，文寿承、许元复其最著已。新都何长卿从后起，一以吾乡顾氏《印薮》为师，规规帖帖，如临书摹画，几令文、许两君子无处着脚”之语。

后于明万历二十八年（1600）辑自刻印而成印谱，取名《何雪渔印选》，开印家汇编自刻印之先河，颇具开拓之精神。时人称他的成就为“近代名手，海人推为第一”，诚实语也。

他后来开创了“雪渔派”，篆刻风格影响当时篆刻界，乃至整个文化艺术界及政治用途，其后延续至明末清初，可见其印影响之大！时人多争相收藏其所篆之印——“工金石篆刻，海内图书出其手者，争传宝之。生平不刻佳石及镌人氏号，故及今流传尚不乏云”(《徽州府志》，1699)。

3. 苏宣

苏宣，字尔宣，安徽歙县人，篆刻曾得文彭的传授，但受何震的影响较大。其印中精品有“啸民”“苏宣之印”“流风回雪”等，所治之印，篆法自然，刚劲有力，既有何派之猛利，以掺以自家之平实，故别具一番新气象。

他在晚年总结治印心得时说：“始于摹拟，终于变化，变者愈多，化者愈化，而所谓摹拟者愈工巧焉。”其印与何震的“神而化之”是相承的，故明代吴钧赞叹其印“雄健”，有浑朴豪放之势。苏宣亦曾感慨云：“余于此道，古讨今论，师研友习，点画之偏正，形声之清浊，必极其意法，逮四十余年，其苦心何如！”

他曾在文彭家设馆，得文彭传授篆法；后纵览秦汉玺印，深得汉印的布白之妙，在朱、白文的处理上充分汲取了斑驳气息，多追求金石气息，因其印古朴苍浑，故名扬海内。因他的篆刻在当时颇有名气，仅次于文、何，时人称他与文彭、何震三家鼎立，曾著有《苏氏印略》，计四卷。

4. 朱简

朱简，明代篆刻家，字修能，号畸臣，后改名闻，安徽休宁人。

其人工诗文，精研古代篆体，师事陈继儒。曾从友人收藏品中看过大量的古印原拓本，后来花了两年时间精心摹刻，编成《印品》二集，对于后人分辨印章真假、考证玺印、深研章法都有极大好处；并首创印学批评，提出篆刻分“神、妙、能、逸”四品，为其独到见解。其印有“董玄宰”“董其昌”“陈继儒”“冯梦祯印”等，可谓其代表作。

其篆刻着重笔意，以切刻石，后自成一家。他曾在《印章要论》中说：“印始于商周，盛于汉，沿于晋，滥觞于六朝，废弛于唐宋，元复变体，亦词曲之于诗，似诗而非诗矣。”“印谱自宣和始，其后王顺伯、颜叔夏、晁克一、姜夔、赵子昂、吾子行、杨宗道、王子弁、叶景修、钱舜举、吴思孟、沈润卿、郎叔宝、朱伯盛，为谱者十数家，谱而谱之，不无遗珠存砾、以鲁为鱼者矣。今上海顾氏以其家所藏铜玉印，暨嘉禾项氏所藏不下四千方，歙人王延年为鉴定出宋元十之二，而以王顺伯、沈润卿等谱合之木刻为《集古印薮》，裒集之功可谓博矣。然而玉石并陈、真赝不分，岂足为印家董狐耶？”可见其涉猎及领悟颇深。

对于篆法，他认为“石鼓文是古今第一篆法，次则峄山碑、诅楚文。商、周、秦、汉款识碑帖印章等字，刻诸金石者，庶几古法犹存，须访旧本观之。其他传写诸书及近人翻刻新本，全失古法，不足信也。”此可谓至论，值得我辈深思！

善诗，与李流芳、赵声光、陈继儒等交往较密；由于他的广见博闻，故其在印学理论上的造诣颇深，著有《印品》《印经》《菌阁藏印》《修能印谱》行世。

5. 汪关

汪关，原名东阳，字杲叔，后得一方汉代“汪关”古铜印，遂改名汪关，后更字尹子，安徽歙县人；汪关不仅痴迷收藏，还喜钻研秦汉古玺印章，并潜心摹刻，他的儿子汪泓在其影响下亦爱上刻印。汪关父子开创了一种明快工稳、恬静秀美的印风，深得众人青睐，但因过于痴迷，故得“大痴”“小痴”之雅号。

汪关父子的印风对后世影响较大。与他们同时代的著名书画家、篆刻家李流芳在《题杲叔印谱》中赞道:“今世以此道行者，自长卿（何震）而后，有苏啸民、陈文叔、朱修能诸人，独杲叔（汪关）独痴，足迹不出海隅，世无知之者。然能有汉、宋、元之长，而独行其意于刀笔之外者，不得不推杲叔。吾谓长卿之后，杲叔一人而已。世有知者，当不以吾言为妄也。”可见其于艺术追求之执着不同一般。

汪关治印朴茂稳实，仿汉印神形俱备，他治印，善使冲刀，刀法朴茂稳实，章法一丝不苟，深得汉印神韵，边款亦有功力，为明人追摹汉法之开创者，令当时印坛面目一新，受其影响者有沈世和、林皋等;著有《宝印斋印式》二卷行世。

### 6. 明代印谱

明代时期，文人或篆家汇集古印而辑成谱者众，可谓“蔚然成风”，其中最有影响的当推明万历年间顾从德所汇集之《印薮》(木刻本)——此谱原拓本名为《集古印谱》，初仅拓20部，“虽好者难睹真容”，在当时影响极大。三年后又作修订，屡经翻版，故流传极广，对当时篆刻的传播与推广有较大的影响。

当时，大部分篆刻家集中在以南京、苏州为中心的江南，故篆刻与文学、书法、绘画交流较密；而不少书画名家也乐于自刻自篆，如文彭、赵宧光、朱简、李流芳等人。由于印学理论在发展中形成了两派意见，即主张复古和反对复古，因而促进了印学理论的进步。而明代的印学著作最为杰出者，当推周应愿的《印说》、朱简的《印品》和徐上达的《印法参同》。《印说》一书所涉甚广，论议中常有精要之言，并对时兴之石章镌刻法总结出六种刀法之害，对后世影响极大；它还于中提出了审美之见解，可算得上是篆刻美学开创性作品。而《印品》一书，是朱简广交印家及收藏家，看过他们收集的古今印章近万枚，共花了14年时间摹刻了自周秦至元明间的各类玺印刻章，并详加评论，而编成《印品》一书，共计五册。《印法参同》一书，是徐上达对篆刻技法与理论的深入和发挥，颇具艺术价值，对明代及清代的印学有极大的贡献。

## 二、清代篆刻

习书法篆刻，宜从《说文》的篆字入手，隶、楷、行等辅之；书法篆刻作品皆宜作图案观，古人云“七分章法，三分书法”，谓为信然，诚为笃论。于常人所注之字画、笔法、笔力、结构、神韵，乃至某碑某帖某派，吾人皆一致屏除，不刻意用心揣摩，此为自见，不知当否？

篆刻之法，亦应求自然之天趣，刻印亦可用图画的原则，并应注重章法布局。篆刻工具，可用刀尾扁尖而平齐若椎状之刻刀，因锥形之刀仅能刻白文，如以铁笔写字也；扁尖形之刀可刻朱文，终不免雕琢之痕，不若以椎形刀刻白文，能得自然之天趣也。此为敝人之创论，不知当否？

敝人写字时，皆依西洋画图案之原则，竭力配置、调和全纸整体之形状，故朽人所写之字，应作一张图案画观之则可矣，决不用心揣摩。不唯写字，刻印也是相同的道理。无论写字、刻印，道理是相通的；而“字如其人”，某人所写之字或刻印，多能表现作者之性格（此乃自然流露，非是故意表示）。体现朽人之字者：平淡、恬静、冲逸之致是也，诸君作参照可也。

篆刻印章起源甚早，据《汉书·祭祀志》载：“自五帝始有书契，至于三王，俗化雕文，诈伪渐兴，始有印玺，以检奸萌。”可见，远在三千七百多年前的殷商时代，便有刻字艺术了。

到了周代，以青铜质为主的“周玺”大为兴起，形状各异，一般分为白文、朱文两种。至秦代，因文字由“籀书”渐演变成篆书，而印之形式亦趋广泛，故印文圆润苍劲，笔势挺拔。

至汉代，篆刻艺术颇为兴盛，所刻之印，史称“汉印”，其字体由小篆演变成“隶篆”。汉印的印制、印纽亦十分精美。西泠八家之一的奚冈曾有“印之宗汉也，如诗文宗唐，字文宗晋”之语，可视为综述。

唐宋之际，印章体制仍以篆书为主。直到明清两代，印人辈出，篆刻便以篆书为基础，而佐以雕刻之法，于印面中表现疏密、离合之形态，篆刻遂由雕镂铭刻转为治印之举。

而尤其是清朝一代，大家辈出，流派纷立，据周亮工的《印人传》记载，不下120余人。其中，标新立异者有之，奉行古法者有之，风格及式样层出不穷，致令篆刻之艺蔚为大观。其成就可与汉代媲美，因得力于古物之出土渐多，故有参照、临摹之便，因吸取商周秦汉古印之力，乃有清代之杰出成就。

其中，以程邃、巴慰祖、丁敬、蒋仁、黄易、奚冈、陈豫钟、陈鸿寿、赵之琛、钱松（后八人，后世称为“西泠八家”，亦称“浙派”）最为有名；另有“邓派”代表人物邓石如、吴熙载、徐三庚等，均为篆刻高手。

以下，就其生平及篆刻作品略加讲述，以作借鉴之用。

1. 程邃

程邃，清代著名篆刻家、画家，字穆倩，号青溪，别号垢道人、江东布衣，安徽歙县人氏。其篆刻风格，于文、何、汪、朱之外，别树一帜，是后期皖派的代表人物，与巴慰祖、胡唐、汪肇龙合称“翕中四家”；善用冲刀，凝重淳厚，为“徽派”主要代表人物。

其刻印，精研汉法而能自见笔意，故时人多宗之。为人博雅好结纳，亦精于医。其篆刻取法秦汉，玺印，白文运刀如笔，凝重有力；朱文喜用大篆作印文，章法整齐，风格古拙浑朴，边款刻字不多，但凝练深厚，开清代篆刻中皖派先河。

程邃治印，初宗文、何，然时印学界多为文、何所拘，陈陈相因，久无生气。程邃能继朱简之后，力求变法，以古籀、钟鼎文入印，尤其是尽收秦汉朱文印之特点长处，出以离奇错落之手法别立门户，开创皖派新局面。周亮工《印人传》称：“黄山程穆倩邃以诗文书画奔走天下，偶然作印，乃力变文、何旧习，世翕然之。”

其印如“程邃之印”，章法严谨、风格古朴；又如“穆倩”一印，颇似古印，有秦汉之韵。综观其传世印作，可知其章法严谨，篆法苍润渊秀。以冲刀代笔，运刀取法汪关，而凝重则过之，能够充分表达笔意。

2. 巴慰祖

巴慰祖，字隽堂、晋堂，号予籍，又号子安、莲舫，歙县渔梁人。其家为经商世家，家庭中曾出巴廷梅、巴慰祖、巴树谷、巴树烜、巴光荣四代五位篆刻家；其中，巴慰祖从小就爱好刻印，自谓“慰糠秕小生，粗涉篆籀，读书之暇，铁笔时操，金石之癖，略同嗜痂”。

巴慰祖爱好颇多，且无所不学，故多才多能。他家中所藏法书、名画、金石文字、钟鼎铭文很多，故自小养成摹印练字之习。巴慰祖与程邃、胡唐、汪肇龙同列为“歙四家”，为光大徽派篆刻艺术贡献非小；与汪肇龙、胡唐二人相比，巴慰祖声誉最隆。

他临摹的天赋颇高，喜欢仿制古器物，并能如旧器相似，有精于鉴赏者亦不能辨伪的。其篆刻浸淫秦汉印章，旁及钟鼎款识，功力颇深。早期印作趋于雅妍细润、端整纯正，晚期印风则趋于浑朴、古拙。汪肇龙、巴慰祖、胡唐三人中，以巴慰祖声誉最隆，交游也广。

巴慰祖的外甥胡唐，在舅舅的影响和带动下，也酷爱篆刻。由于巴慰祖嗜好刻印，所以二子及孙子、外甥亦好印，以致不能安心经商，到了晚年而家道中落，后以作书、篆刻为生；晚年虽然并不富有，但并没有影响其追求篆刻之境界，后以篆印独特而声名流布。

其篆刻风格，简洁和谐，于平和中得见厚重，疏朗中不失平稳，如“下里巴人”“大书典薄”。

3. 丁敬

丁敬，清代杰出篆刻家，字敬身，号钝丁，别号龙泓山人，浙江钱塘（今浙江杭州）人。

丁敬出身于商贾之家，生平矢志向学，工诗文，善书法、绘画，尤究心于金石、碑版文字的探源考异。篆刻宗法秦汉，能得其神韵，能吸取秦汉以及前人刻印之长为己所用。他强调刀法的重要性，主张用刀要突出笔意。擅长以切刀法刻印，苍劲质朴，别树一帜，开创“浙派”，世称“浙派鼻祖”，为“西泠八家”之首。

他酷爱篆刻，吸取秦、汉印篆和前人长处，又常探寻西湖群山、寺庙、塔幢、碑铭等石刻铭文，亲临摹拓，不惜重金购得铜石器铭和印谱珍本，精心研习，因此技法大进。兼工诗书画，诗文造句奇崛，尤擅长诗，与金农齐名。所辑《武林金石录》，为广搜博采西湖金石文字汇集而成，凡碑铭、题刻、摩崖、金石铭文等搜罗殆尽，有珍贵的艺术价值和历史价值；他还曾参与了汪启淑所辑《飞鸿堂印谱》厘订和篆刻。

其印“炳文”，印风尚流于妍媚，无古朴之态；“上下钓鱼山人”一印也是这类风格；而“玉几翁”一印，线条朴实，刀法浑厚，初具“浙派”之姿；“两湖三竺万壑千岩”一印有脱尘之韵，可见其修养；“徐观海印”则显非凡气势，印文结构齐整，刀法节冲并用，故另有一番风味。

4. 蒋仁

蒋仁，原名泰，字阶平，后来因得“蒋仁之印”古铜印，极为欣赏，遂改名为蒋仁，字山堂，别号吉罗居士、女床山民，浙江仁和（今杭州）人。

蒋仁家境贫寒，一生与妻女过着超然尘俗的简朴生活。书法师颜真卿、孙过庭、杨凝式诸家，擅长行楷书。

蒋仁篆刻非常佩服丁敬，师其法，并能以拙朴见长，并有所创新。其作品于苍劲中甚得古意，另具天趣。所刻行书边款，得颜体书法之神，苍浑自然，别有韵致。其一生性情耿直，不轻易为人执刀落笔，故流传的作品不多。他的篆刻曾被彭绍升进士评为“当代第一”，蒋仁的《吉罗居士印谱》中只收录了二十六方印。

他对篆刻有较深之体悟，曾总结云：“文可与画竹，胸有成竹，浓淡疏密，随手写去，自尔成局，其神理自足也。作印亦然，一印到手，意兴俱至，下笔立就，神韵皆妙，可入高人之目，方为能手。不然，直俗工耳。”其常见之印，有“无地不乐”“蒋山堂印”等。

5. 黄易

黄易，号小松，钱塘人。出身于金石世家，父亲黄树谷，工隶书，博通金石，故自幼承习家学，后因家贫故游历在外，后官至山东济宁府同知。

黄易能作诗著文，尤精于作词，而以金石书画名传于世。一生酷爱金石，在济宁府任间，广泛搜罗、保护碑刻，把所收金石碑铭三千多种，后汇考辑录成《小蓬莱阁金石文字》一书，其中一半左右为前人所未见；此外，还收藏有历代古印、钱币、刀、鼎、炉、镜等数百种，并一一做了考释。其金石收藏品之多，甲于当时，故各方酷爱古玩金石的人都请黄易示其所收古物，被人称为“文艺金石巨家”，有《小蓬莱阁金石文字》《小蓬莱阁诗集》《秋景庵印谱》等著述行世。

他还善书，工隶，其书风格沉着有致，精于博古，在古隶法中掺杂以钟鼎铭文，更现古朴雅厚。其篆刻作品，风格醇厚儒雅，为继承秦汉之优良传统。又精研六书摹印，为丁敬之高足，有“青出于蓝而胜于蓝”之誉，与丁敬并称“丁黄”。后人何元锡曾将二人印稿合辑成《丁黄印谱》。

其篆刻师法丁敬，兼及宋元诸家，并有所创新，其工风稳生动，时人对他评价颇高。他的“一笑百虑忘”印，章法平中有奇，为成熟之白文印，刀法相继丁敬之风；而“乔木世臣”为朱文印，字体结构严谨，形态饱满，刀法胆大而手法精细，线条雄劲，故整方印显得十分大度。

6. 奚冈

奚冈，初名钢，字铁生，一字纯章，号萝龛，别号鹤渚生、蒙泉外史、蒙道士、奚道士、蝶野子、散木居士，钱塘人。

他还工书法，9岁即能隶书，后楷、行、草、篆、隶，无一不精，亦以绘画名于当时。其篆刻，宗法秦汉，为“浙派”名家。

“蒙泉外史”为白文印，寓拙于巧，为取汉印平正、浑朴之法，用切刀所刻，章法分布以字画多少而定大小，但整体浑若天成。

“龙尾山房”一印为奚冈朱文印的代表作，此印笔画多用弧线，弯曲成形，与常见的直线朱文印不同，故能独树一帜。印文用虚实相生的手法做似断非断之状，且边栏亦是虚实相间，显得内部饱满，外部相应，为其炉火纯青之作品。

7. 陈豫钟

陈豫钟，字浚仪，号秋堂，浙江钱塘（今杭州）人，清代书法篆刻家，“西泠八家”之一。他喜好收藏金石文字，又精于墨拓，收集拓本数百种，为其学习、创作之基石。

工篆刻，早年师法文彭、何震，后学丁敬，作品工整秀致，边款尤为秀丽。精于小篆籀文，兼及秦汉印章。阮元任浙江督学时铸的文庙大钟和铭文，便是陈豫钟摹仿古文勾勒的，端整壮丽，极受赞赏。他爱好收集金石文字，积卷数百，见到名画佳砚，不惜重金收购，尤其爱好古铜印。并能书画，他的书法得李阳冰法，遒劲挺拔、苍雅圆劲，为时人所喜爱。曾辑录《古今画人传》《求是斋集》等著作行世。

他刻的“竹影庵”一印为朱文印，印文似汉代篆文，章法布局奇妙，因“竹”字笔画较少，故他将左下角边栏凿断，与右上角对应相呼，使布局平衡。

“振衣千仞”一印为白文印，线条刀迹显然，结字趋方，但各异其趣，风格秀丽文静，工稳而不失流动，为陈氏代表作。

8. 陈鸿寿

陈鸿寿，清代著名书法篆刻家，“西泠八家”之一。字子恭，号曼生，别号种榆道人，浙江钱塘（今杭州）人。

在篆刻上，他继承了丁敬、蒋仁、黄易、奚冈等人的风格。其篆书略带草书意味，喜用切刀，运刀犹如雷霆万钧，给人以苍茫浑厚、爽利奔放之感，使“浙派”面貌为之一新。他的风格对后世影响较深，与陈豫钟齐名，世称“二陈”。

他还善书，隶书奇绝，自成一体；行书亦清雅不俗。蒋宝龄在《墨林今话》中评他为：“曼生酷嗜摩崖碑版，行楷古雅有法度，篆刻得之款识为多，精严古宕，人莫能及。”除此，陈鸿寿擅长竹刻，山水、花卉、兰竹，博学能诗，还善制作和识别茶具，公余之际常识别砂质，创作新样，自制铭句镌刻器上，曾风行一时，人称“曼生壶”。著有《桑连理馆诗集》《种榆仙馆印谱》等行世。

他所刻的“琴书诗画巢”一印，线条浑厚、苍劲，切刀痕迹显见，为浙派典型的朱文印风格，此印看似信手拈来，实则有法可循。而“南芗书画”一印，篆书笔法平稳，虽是仿汉印之作，但刀法从浙派中来，有稳如泰山之感；虽边栏破损任之，但全印却反呈苍劲浑朴之气势，这非得要有娴熟之刀法和深厚之功力不可，于此可见他的成就。

9. 赵之琛

赵之琛，清代著名的篆刻家，字次闲，号献父，钱塘（今浙江杭州）人。一生布衣，多才多艺，工诗文、书画，精通金石文字，尤其工篆刻，为“西泠八家”之一。

他的篆刻，初得陈豫钟传授，兼师黄易、奚冈、陈鸿寿。早年篆刻章法长方，善用冲刀，笔画如锯齿；后用切玉法，笔画纤细方折；边款以行楷书为之，笔画生辣细劲；晚年刀法和章法已无太大变化，多承师法。

他生性嗜古，长于金石文字，阮元所著《积古斋钟鼎彝器款识》中的古器文字，多半出自他的手摹。他的印文结构不但秀美，且善于应变，用刀爽朗挺拔，楷书印款秀劲涩辣；其印作，曾得过陈鸿寿的推崇与赞许。印谱有《补罗迦室印谱》，著有《补罗迦室印集》行世。

他所刻印以切玉法驱刀最为有名，如“长乐无极老复丁”“三碑乡里旧人家”二印即是仿汉切玉法，章法自然、清秀瘦劲，可见其所长。

10. 钱松

钱松，清代书法、篆刻家，初名松如，字叔盖，号耐青，浙江钱塘（今杭州）人。擅作山水、花卉；工书，他的隶书、行书功力深厚，为时所重。

篆刻则得力于汉印，据称他曾手摹汉印二千方，赵之琛见后惊叹道：“此丁、黄后一人，前明文、何诸家不及也。”

他的一生见闻广博，故于章法显出与众不同，并时出新意；刀法在总结前人经验之上，自创出一种切中带削的新刀法，立体感强，富于韵味。之后，严荄将他与胡震的作品合编为《钱胡印谱》，亦有人将他个人作品汇辑成册，取名《铁庐印谱》。

他的刀法继承浙派风格，章法则取汉印结构，如“陈老莲”“胡鼻山人宋绍圣后十二丁丑生”二印，一白一朱皆是，可见其学浙派之造诣功深。他用刀多是碎刀细切浅刻，温朴中而显浑厚，颇得汉印之意蕴，时人评誉甚高。赵之谦曾说：“汉铜印妙处，不在斑驳，而在浑厚；学浑厚则全恃腕力，石性脆，力所到处应手辄落，愈拙愈古，看似平平无奇，而殊不易貌。此事与予同志者，杭州钱叔盖一人而已。”

11. 邓石如

邓石如，清代著名书法家、篆刻家，原名琰，字石如，又名顽伯，号完白山人，又号完白、古浣子、笈游道人、凤水渔长、龙山樵长等，安徽怀宁人。

因家庭贫困，邓石如曾以砍柴卖饼维持生计，暇时随父亲学习书法和篆刻，甚工。后游寿州，入梅缪府中为客。梅氏家中有很多金石文字，因得以观赏历代吉金石刻，每日晨起即研墨，至夜分墨尽乃就寝，历时八年，艺乃大成，四体书功力极深，曹文埴称之为“我（清）朝第一”。

他的篆刻得力于书法，篆法以“二李”（李斯、李阳冰）为宗，而纵横捭阖之妙则得力于史籀，间以隶意，故其印线条浑厚天成，体势奔放飘逸。朱文印取宋元章汉，白文印则以汉印为主，印风茂密多姿，章法疏密相应，刀路平实缓和。邓石如还开创了“以汉碑入汉印”的先例，弟子吴让之誉为“独有千古”。赵之谦对邓石如也是极为推崇，称邓石如“字画疏处可走马，密处不可通风，即印林无等等咒”。

“江流有声，断岸千尺”一印是其代表作品，章法奇妙，文印俱佳，结构和谐，为邓氏难得一见之精品。“笔歌墨舞”“意与古会”二印，笔意流畅，线条婉约，亦颇具正气。

其篆刻，刀法苍劲浑朴，婀娜多姿，冲破时人只取法秦汉铄印之局限，世称“邓派”，亦又称“皖派”者。风格所及，影响了包世臣、吴让之、赵之谦、吴咨、胡澍、徐三庚等人，是杰出之篆刻家。他的原石流传极少，存世有《完白山人篆刻偶成》《完白山人印谱》《邓石如印存》等。

12. 吴熙载

吴熙载，清代著名书画家、篆刻家，原名廷飏，字让之，亦作攘之，别号还有让翁、晚学生、晚学居士、言甫、言庵、方竹丈人等，江苏仪征人。

他自小博学多能，善作四体书，恪守师法，尤精篆、隶，功力深厚，温婉圆润，收放有度。擅长金石考证，精通文字学。师事邓石如的学生包世臣，算是邓石如的再传弟子。

他的篆刻师法邓石如，以汉篆治印。对邓石如的篆刻，吴让之更在继承之上有所创造，故章法上更趋稳健、精练，刀法更加圆转、流畅，从而将邓石如“以笔意见胜”的风格推向高峰。

他的刀法运转自然，坚挺得势，较能表达笔意，晚年作品更入化境，对当代中、日印坛影响较大。著有《通鉴地理今释》《师慎轩印谱》《晋铜鼓斋印存》《吴熙载篆刻》等。晚清印人如徐三庚、赵之谦、吴昌硕等也都比较重视他的作品。

“足吾所好玩而老焉”一印，得邓石如章法之精髓，布局疏密天成，文字方圆互参，笔画舒展，虚实相生。

“砚山鉴藏石墨”一印也是吴熙载朱文印的代表作品。此印貌似无奇，排得均匀整齐，印文能显舒展开张之势，这得力于他的秀挺书法。

“攘之手摹汉魏六朝”一印，印文排列自然，书体浑朴，繁简平衡，笔画转折自然，得力于刻刀之轻灵，为以刀当笔之作品。

“吴熙载字攘之”印分三行，细线界隔，刀法畅达，线条圆劲且又浑穆，是创造性学习汉印的典范制作。

13. 徐三庚

徐三庚，清代著名书法、篆刻家，字辛穀，号袖海，浙江上虞人。

此人兼通书法、篆刻、竹刻，并精古玩，多才多艺。他的篆刻，早年曾追摹元明印风，后攻汉印，并学邓石如、吴让之等人，对陈鸿寿、赵之琛等人风格深有研究；四十岁后参以汉篆、汉印结体及《天发神谶碑》意趣神采，颇见功力，风格飘逸、疏密有致，后自成一家，其印风有“吴带当风”之誉。

他的“徐三庚印”“上于父”及“图鉴斋”等印，笔画圆润，字体浑朴，颇有汉印遗风。他运刀熟练，不加修饰，其行楷边款，刀法劲猛，自然得势，不失名家风范。

14. 清代印谱

明代之时，印谱汇集已然成风，印学理论亦是发达，尤其是顾从德所汇集之《印薮》(谱原拓本名为《集古印谱》)，对明清印学流派之兴起，贡献颇大。

明代晚期，有张灏辑录当时印人篆刻之印计二千余方，谱成名为《学山堂印谱》，录作者五十余人；到清康熙年间，有周亮工辑藏印一千五百余方，汇集成谱，名为《赖古堂印谱》，计百二十余人，此二谱对后世影响亦大。

另有丁敬的《武林金石录》、汪启淑的《飞鸿堂印谱》、蒋仁的《吉罗居士印谱》、黄易的《秋景庵印谱》、何元锡的《丁黄印谱》、陈豫钟的《求是斋印集》、陈鸿寿的《种榆仙馆印谱》以及邓石如的《完白山人印谱》等印谱，对后世影响亦非小，尤其是各大流派之印人必看之印谱。

清代之篆刻风行，除汇集印谱外，为印人立传亦是清朝所创之举，著名者有清代周亮工的《赖古堂别集·印人传》（三卷，亦名《印人传》）、清代汪启淑的《飞鸿堂印人传》（八卷，亦名《续印人传》）、黄易的《小蓬莱阁金石文字》、冯承辉的《历朝印识》和《国朝印识》等，为印人了解篆刻提供诸多方便，以功不少。

## 三、谈篆刻小记

### 1.《李庐印谱》序

聚自兽蹄鸟迹，权舆六书。抚印一体，实祖缪篆。信缩戈戟，屈蟠龙蛇。范铜铸金，大体斯得，初无所谓奏刀法也。赵宋而后，兹事遂盛。晁王颜姜，谱派卓著。新理泉达，眇法葩呈。韵古体超，一空凡障，道乃烈矣。清代金石诸家，搜辑探讨，突驾前贤；旁及篆刻，遂可法尚。丁黄唱始，奚蒋继声，异军特起，其章章焉。盖规秦抚汉，取益临池，气采为尚，形质次之。而古法蓄积，显见之于挥洒，与检之于刻画。殊路同归，义固然也。不佞僻处海隅，昧道懵学，结习所在，古欢遂多。爰取所藏名刻，略加排辑，复以手作，置诸后编，颜曰《李庐印谱》。太仓一粒，无裨学业，而苦心所注，不欲自薶。海内博雅，不弃窳陋，有以启之，所深幸也。

2.《乐石社记》

粤若稽古先圣，继天有作，创造六书，以给世用，后贤踵事，附庸艺林。金石刻画，实祖缪篆。上起秦汉，下逮珠申，彬彬郁郁，垂二千年。可谓盛矣。世衰道微，士不悦学。一技之末，假手隅夷，兽蹄鸟迹，触目累累。破觚为圆，用夷变夏。典型沦丧，殆无讥焉。

不佞无似，少耽痂癖，结习所存，古欢未坠。曩以人事，羁迹武林，滥竽师校。同学邱子，年少英发。

既耽染翰，尤耆印文，校秦量汉，笃志爱古，遂约同人，集为兹社，树之风声，颜以乐石。切磋商兑，初限校友，继乃张皇。他山取益，志道既合，声气遂孚。自冬徂春，规模浸备。复假彼故宫为我社址，西泠印社诸子，觥觥先进，勿弃葑菲。左提右挈，乐观厥成，兹可感也。

不佞昧道懵学，文质靡底。前无老马，尸位经年。伏念雕虫篆刻，壮夫不为，而雅废夷侵，贤者所耻。值猖狂衰廓之秋，结枯槁寂寞之侣。足音空谷，幽草寒蛩，纵未敢自附于国粹之林，倘亦贤乎博奕云尔。爰陈梗概，备观览焉。乙卯六月李息翁记。

# 3

# 天心

# 晚晴集

一、若失本心，即当忏悔。忏悔之法，是为清凉。（金刚三昧经）

二、菩萨若能随顺众生，则为随顺供养诸佛。若于众生尊重承事，则为尊重承事如来。若令众生生欢喜者，则令一切如来欢喜。（华严经普贤行愿品）

三、我若多瞋及怨结者，十方现在诸佛世尊皆应见我，当作是念：云何此人欲求菩提，而生瞋恚及以怨结？此愚痴人，以瞋恨故，于自诸苦不能解脱，何由能救一切众生？（华严经修慈分）

四、迦叶白佛：我等从今，当于一切众生生世尊想，若生轻心，则为自伤。佛言：善哉快论！（首楞严三昧经依宝王论节文）

五、应代一切众生受加毁辱，恶事向自己，好事与他人。（梵网经）

六、离贪嫉者，能净心中贪欲云翳，犹如夜月，

众星围绕。（理趣六波罗蜜多经）

七、生死不断绝，贪欲嗜味故。养怨入丘塚，虚受诸辛苦！（大宝积经富楼那会）

八、是身如掣电，类乾闼婆城。云何于他人。数生于喜怒？（诸法集要经）

九、瞋恚之害，则破诸善法，坏好名闻，今世后世，人不喜见。（佛遗教经）

十、行少欲者，心则坦然，无所忧畏，触事有余，常无不足。（佛遗教经）

十一、身、语、意业不造恶，不恼世间诸有情。正念观知欲境空，无益之苦当远离。（有部律周利槃陀伽尊者，三月不能诵得，即此伽陀也。）

十二、名誉及利养，愚人所爱乐，能损害善法，如剑斩人头。（有部律）

十三、世间色声香味触，常能诳惑一切凡夫，令生爱着。（智者大师）

十四、瞋，是失佛法之根本；坠恶道之因缘；法乐之冤家；善心之大贼；种种恶口之府藏。（智者大师）

十五、凡夫学道法，唯可心自知，造次向他道，他即反生诽。谛观少言说，人重德能成，远众近静处，端坐正思唯。但自观身行，口勿说他短，结舌少论量，默然心柔软。无知若聋盲，内智怀实货，头陀乐闲静，对修离懈惰。（道宣律师）

十六、处众处独，宜韬宜晦。若哑若聋，如痴如醉。埋光埋名，养智养慧。随动随静，忘内忘外。（翠岩禅师）

十七、我且问你，忽然临命终时，你将何抵敌生死？须是闲时办得下，忙时得用，多少省力。休待临渴掘井，做手脚不迭。前路茫茫，胡钻乱撞。苦哉！苦哉！（黄檗禅师）

十八、鼻有墨点，对镜恶墨，但揩于镜，其可得耶？好恶是非，对之前境，不了自心，但尤于境，其可得耶？洗分别之鼻墨，则一镜圆净矣！万境咸真矣！执石成宝矣！众生即佛矣！（飞锡法师）

十九、修行人大忌说人长短是非，乃至一切世事非干己者，口不可说，心不可思。但口说心思，便是昧了自己。若专炼心，常搜己过，那得工夫管他家屋里事？粉骨碎身，唯心莫动。收拾自心，如一尊木雕圣像，坐在堂中，终日无人亦如此！幡盖簇拥香花供

养亦如此！赞叹亦如此！毁谤亦如此！修行人常常心上无事，时时刻刻体究自己本命元辰端的处。（盘山禅师）

二十、元无我人，为谁贪瞋？（圭峰法师）

二十一、报缘虚幻，不可强为。浮世几何，随家丰俭。苦乐逆顺，道在其中。动静寒温，自愧自悔。（佛眼禅师）

二十二、学道人逐日但将检点他人底工夫，常自检点，道业无有不办。或喜或怒，或静或闹，皆是检点时节。（大慧禅师）

二十三、化人问幻士，谷响答泉声，欲达吾宗旨，泥牛水上行。（永明禅师）

二十四、千峰顶上一茅屋，老僧半间云半间，昨夜云随风雨去，到头不似老僧闲。（归宗芝庵禅师）

二十五、过去事已过去了，未来不必预思量，只今便道即今句，梅子熟时栀子香。（石屋禅师）

二十六、即今休去便休去，若觅了时无了时。（云峰禅师）

二十七、琐琐含生，营营来去者，等彼器中蚊蚋，纷纷狂闹耳！一化而生，再化而死，化海漂荡，竟何

所之？梦中复梦，长夜冥冥，执虚为实，曾无觉日！不有出世之大觉大圣，其孰与而觉之欤？（仁潮禅师）

二十八、纵宿业深厚，不能顿断；当方便制抑，自劝自心。（妙叶禅师）

二十九、放开怀抱，看破世间，宛如一场戏剧，何有真实？（莲池大师）

三十、达宿缘之自致，了万境之如空，而成败利钝，兴味萧然矣！（莲池大师）

三十一、伊庵权禅师用功甚锐。至晚，必流涕曰：今日又只恁么空过！未知来日工夫如何？师在众，不与人交一言。（莲池大师）

三十二、畏寒时欲夏，苦热复思冬，妄想能消灭，安身处处同。草食胜空腹，茅堂过露居，人生解知足，烦恼一时除。（莲池大师）

三十三、人之过恶深重者，亦有效验。或心神昏塞转头即忘；或无事而常烦恼；或见君子而赧然消沮；或闻正论而不乐；或施惠而人反怨；或夜梦颠倒；甚则妄言失志，皆作孽之相也。苟一类此，即须奋发，舍旧图新，幸勿自误！（袁了凡）

三十四、只“强顺人情、勉就世故”八个字，误

却你一生大事。道业未成，无常至速！急宜敛迹韬光，一心向道，不得再误！（西方确指）

三十五、深潜不露，是名持戒，若浮于外，未久必败。有口若哑，有耳若聋，绝群离俗，其道乃崇。（西方确指）

三十六、种种恶逆境界，尽情看作真实受益之处。名利、声色、饮食、衣服、赞誉、供养，种种顺情境界，尽情看作毒药毒箭。（藕益大师）

三十七、将身心世界全体放下，作一超方特达之观。（藕益大师）

三十八、善友罕逢，恶缘偏盛，非咬钉嚼铁，刻骨镂心，何以自拔哉？（藕益大师）

三十九、何不趁早放下幻梦尘劳，勤修戒定智慧？（藕益大师）

四十、勿贪世间文字诗词，而碍正法！勿逐悭、贪、嫉妒、我慢、鄙覆习气，而自毁伤！（藕益大师）

四十一、内不见有我，则我无能；外不见有人，则人无过；一味痴呆，深自惭愧！劣智慢心，痛自改革！（藕益大师）

四十二、篱菊数茎随上下，无心整理任他黄，后

先不与时花竞，自吐霜中一段香。（诵帚禅师）

四十三、从今以后，愿遁世不见知而不悔，作一斋公斋婆，向厨房灶下安隐过日。今生不敢复作度人妄想。（彭二林）

四十四、幸赖善缘，得闻法要，此千生万劫转凡成圣之时。尚复徘徊歧路，乍前乍却，则更历千生万劫，亦如是而止耳！况辗转沦陷，更有不可知者哉？（彭二林）

四十五、轮转生死中，无须臾少息，犹复熙熙如登春台？曾不知佛与菩萨，为之痛心而惨目也！（彭二林）

四十六、汝信心颇深，但好张罗，及好游，好结交，实为修行一大障。祈沈潜杜默，则其益无量戒之！（印光法师）

四十七、汝是何等根机，而欲法法咸通耶？其急切纷扰，久则或致失心！（印光法师）

四十八、当主敬、存诚、于二六时中，不使有一念虚浮怠忽之相。及与世人酬酢，唯以忠恕为怀。则一切时，一切处，恶念自无从而起。（印光法师）

四十九、直须将一个死字，（原注云此字好得很）

挂到额颅上。（印光法师）

五十、若善男子，善女人，闻说净土法门，心生悲喜，身毛为竖，如拔出者。当知此人，此过去宿命已作佛道来也。（无量清净平等觉经依迦才净土论引文）

五十一、汝今亦可自厌生死老病痛苦，恶露不浮，无可乐者！（无量寿经）

五十二、无忧恼处，我当往生。不乐阎浮提浊恶世也。（观无量寿佛经）

五十三、才有病患，莫论轻重，便念无常，一心待死。（善导大师）

五十四、我未曾见闻，慈悲而行恼，互共相瞋恚，愿生阿弥陀。若人如恒河，恶口加刀杖，如是皆能忍，则生清净土。（诸法无行经）

五十五、生宏律范，死归安养，平生所得，唯二法门。（灵芝元照律师）

五十六、凡闻恶声，则念阿弥陀佛以消禳之，愿一切人不为恶行；凡见善事，则念阿弥陀佛以赞助之，愿一切人皆为善行；无事则默念阿弥陀佛，常在目前，便念念不忘；能如此者，其于净土决定往生。（王

龙舒）

五十七、人生能有几时？电光眨眼便过！趁未老、未病、抖身心、拨世事；得一日光景，念一日佛名；得一时工夫，修一时净业；由他命终，我之盘缠预办，前程稳当了也。若不如此？后悔难追！（天如禅师）

五十八、如就刑戮；若在狴牢；怨贼所追；水火所逼；一心求救，愿脱苦轮。（天如禅师）

五十九、于此土声色诸境，作地狱想、苦海想、火宅想。诸宝物、作苦具想。饮食、衣服，如脓血铁皮想。（妙叶禅师）

六十、此界释迦已灭，弥勒未生，贤圣隐伏。众生奔波苦海，犹失父之儿。若不以极乐愿王为归，谁为救护？（妙叶禅师）

六十一、闻教便行，奚待更劝？（妙叶禅师）

六十二、惟名闻利养；甜爱软贼；及瞋心瞋火；虽有佛力，不能救焉！行者当深加精进，以攘却之！（妙叶禅师）

六十三、又复当护人心，勿使夸嫌，动用自若；息世杂善；不贪名利；将过归己；捐弃伎能，惟求往

生。（妙叶禅师）

六十四、娑婆有一爱之不轻，则临终为此爱所牵；矧多爱乎？极乐有一念之不一，则临终为此念所转；矧多念乎？（幽溪法师）

六十五、若生恩爱时，当念净土眷属无有情爱，何当得生净土？远离此爱。若生瞋恚时，当念净土眷属无有触恼，何当往生净土？得离此瞋。若受苦时，当念净土无有众苦，但受诸乐。若受乐时，当念净土之乐无央无待。凡历缘境，皆以此意而推广之，则一切时处无非净土之助行也。（幽溪法师）

六十六、如何说得娑婆苦？苦事纷纷等猬毛！（西斋禅师）

六十七、当屏人独处，自办道业，以设像为师，经论为侣。（袁宏道）

六十八、五浊恶世寒热苦恼，秽相熏炙，不容一刻居住。（袁宏道）

六十九、问："人不信净土，恐只是本来福薄？"答："此言甚是！"（莲池大师）

七十、余下劣凡夫，安分守愚，平生所务，唯是南无阿弥陀佛六字。今老矣！倘有问者，必以此答。

（莲池大师）

七十一、当生大欢喜，切勿怀忧恼，万缘俱放下，但一心念佛。往生极乐国，上品莲华生，见佛悟无生，还来度一切。（莲池大师）

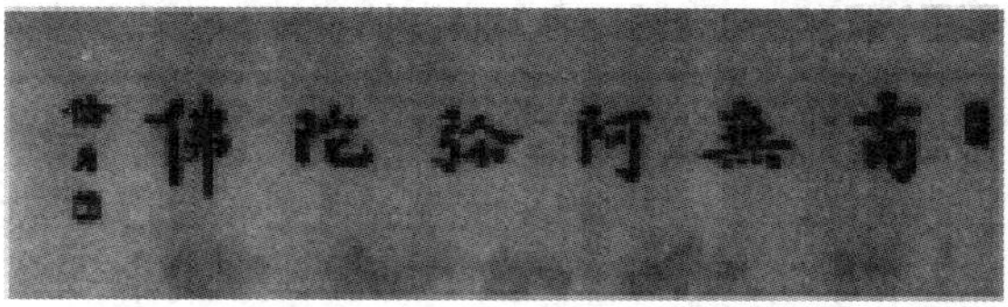

七十二、世情淡一分，佛法自有一分得力。娑婆活计轻一分，生西方便有一分稳当。（藕益大师）

七十三、弹指归安养，阎浮不可留。（藕益大师）

七十四、归命大慈父，早出娑婆关。（藕益大师）

七十五、世之最可珍重者，莫过精神；世之最可爱惜者，莫过光阴；一念净即佛界缘起，一念染即九界生因，凡动一念即十界种子，可不珍重乎？是日已过，命亦随减，一寸时光即一寸命光，可不爱惜乎？苟知精神之可珍重，则不浪用，则念念执持佛名。光

阴不虚度，则刻刻熏修净业。（彻悟禅师）

七十六、悲哉众生！欲念未除，道根日坏。佛之视汝，将何以堪？（彭二林）

七十七、子等归向极乐，全须打得一副全铁心肠，外不为六尘所染；内不为七情所锢；污泥中便有莲华出现也。（彭二林）

七十八、莲华种子，荣悴由人。时不相待、珍重！珍重！（彭二林）

七十九、上品见佛速，下品见佛迟，虽有迟速异，终无退转时。参禅病著相，念佛贵断疑，实实有净土，实实有莲池。（张守约）

八十、念阿弥陀佛，正觉圆满之名；观极乐世界，清净庄严之相；如此滞着，只怕未能切实；果能切实，则世间种种幻化妄缘，自当远离。（悟开禅师）

八十一、随忙随闲，不离弥陀名号。顺境逆境，不忘往生西方。（印光法师以下悉同）

八十二、诚与恭敬，实为超凡入圣，了生脱死，之极妙秘诀。

八十三、业障重、贪瞋盛、体弱、心怯，但能一心念佛，久之自可诸疾咸愈。

八十四、佛固不见弃于罪人，当承兹行以往生耳。

八十五、须信娑婆实实是苦，极乐实实是乐，深信佛言，了无疑惑。

八十六、应发切实誓愿，愿离娑婆苦，愿得极乐乐。其愿之切，当如堕厕坑之急求出离；又如系牢狱之切念家乡；己力不能自出，必求有大势力者提拔令出。

八十七、业识未消，三昧未成，纵谈理性，终成画饼。

八十八、入理深谈，且缓数年！

八十九、一句南无阿弥陀佛，只要念得熟，成佛尚有余裕！不学他法，又有何憾？

九十、汝虽于净土法门，颇生信心；然犹有好高骛胜之念头，未能放下，而未肯以愚夫愚妇自命！

九十一、其有平日自命通宗通教，视净土若秽物，恐其污己者；临终多是手忙脚乱，呼爹叫娘。

九十二、汝妄想之心遍天遍地，不知息心念佛；所谓向外驰求，不知返照回光。

九十三、今见好心出家在家四众，多是好高骛远，不肯认真专修净业；总由宿世善根浅薄，今生未遇通人。

九十四、当今之时，其世道局势，有如安卧积薪之上，其下已发烈火；尚犹悠忽度日，不专志求救于一句佛号。其知见之浅近甚矣！

九十五、心跳恶梦，乃宿世恶业所现之兆；然现境虽有善恶，转变在乎自己；恶业现而专心念佛，则恶因缘为善因缘。

九十六、当恪守净宗列祖成规，持斋念佛，改恶修善，知因识果，植福培德；以企现生消除业障，临终正念往生；庶不虚此一生，及亲为如来弟子耳。

九十七、但当志心念佛，以消旧业；断不可起烦躁心，怨天尤人。

九十八、具缚凡夫，若无贫穷疾病等苦，将日奔驰于声色名利之场而莫之能已！谁肯于得意烜赫之时，回首作未来沉溺之想乎？

九十九、欲得佛法实益，须向恭敬中求；有一分恭敬，则消一分罪业，增一分福慧。

一百、念佛，要时常作将死，将堕地狱想；则不恳切亦自恳切，不相应亦自相应；以怖苦心念佛，即是出苦第一妙法；亦是随缘消业第一妙法。

一百〇一、末世众生，无论有善根，无善根，皆当决定专修净土；善根有，固宜努力！无，尤当笃培！

一百〇二、汝须自知好歹，修行要各尽其分，潜修默契方可！急急改过摄心念佛！

# 断食日志

此为弘一大师于出家前两年在杭州大慈山虎跑寺试验断食时所记之经过。自入山至出山，首尾共二十天。对于起居身心，详载靡遗。据大师年谱所载，时为民国五年（1916），大师三十七岁。他利用1916年阳历年假期，到大慈山虎跑寺断食，陪他去的是校工闻玉。几天前，他曾看过一篇文章，介绍断食的方法：第一周食量逐渐减少，第二周不食人间烟火，第三周食量逐渐增加，恢复正常。他写下断食日记，详细记载下这一段不寻常的经历。

丙辰嘉平一日始。断食后，易名欣，字俶同，黄昏老人，李息。

十一月廿二日，决定断食。祷诸大神之前，神诏断食，故决定之。

择录村井氏说：妻之经验。最初四日，预备半断食。六月五日、六日，粥，梅干。七日、八日，重汤，梅干。九日始本断食，安静。饮用水一日五合，一回一合，分五六回服用。第二日，饥饿胸烧，舌生白苔。第三、四日，肩腕痛。第四日，腹部全体凝固，体倦就床，晨轻晚重。第五日，同，稍轻减，坐起一度散步。第六日，轻减，气氛爽快，白苔消失，胸烧愈。第七日，晨平稳，断食期至此止。

后一日，摄重汤，轻二碗三回，梅干无味。后二日，同。后三日，粥，梅干，胡瓜，实入吸物。后四日，粥，吸物，少量刺身。后五日，粥，野菜，轻鱼。后六日，普通食，起床，此两三日，手足浮肿。

断食期内，或体痛不能眠，或下痢，或嚏。便时以不下床为宜。预备断食或一周间，粥三日，重汤四日。断食后或须一周间，重汤三日，粥四日，个半月体量恢复。半断食时服ゾチネ。

到虎跑寺携带品：被褥帐枕，米，梅干，杨子，齿磨，手巾手帕，便器，衣，洒水布，ゾチネ日记纸笔书，番茶，镜。

预定期间：一日下午赴虎跑。上午闻玉去预备。中食饭，晚食粥，梅干。二日、三日、四日，粥，梅干。五日、六日、七日，重汤，梅干。八日至十七日断食。

十八日、十九日、二十日，重汤，梅干。廿一日、廿二日、廿三日、廿四日，粥，梅干，轻菜食。廿五日返校，常食。廿八日返沪。

卅日晨，命闻玉携蚊帐，米，纸，糊，用具到虎跑。室宜清闲，无人迹，无人声，面南，日光遮北，以楼为宜。是晚食饭，拂拭大小便器、桌椅。

午后四时半入山，晚餐素菜六簋（音癸，盛食物的圆形器具），极鲜美。食饭二盂，尚未餍，因明日始即预备断食，强止之。榻于客堂楼下，室面南，设榻于西隅，可以迎朝阳。闻玉设榻于后一小室，仅隔一板壁，故呼应便捷。晚燃菜油灯，作楷八十四字。自数日前病感冒，伤风微嗽，今日仍未愈。口干鼻塞，喉紧声哑，但精神如常。八时眠，夜间因楼上僧人足声时作，未能安眠。

十二月一日，晴，微风，五十度。断食前期第一日。疾稍愈，七时半起床。是日午十一时食粥二盂，紫苏叶二片，豆腐三小方。晚五时食粥二盂，紫苏叶二片，梅一枚。饮冷水三杯，有时混杏仁露，食小桔五枚，午后到寺外运动。

余平日之常课，为晨起冷水擦身，日光浴，眠前热水洗足。自今日起冷水擦身暂停，日光浴时间减短，洗足之热水改为温水，因欲使精神聚定，力避冷热极端之刺激也。对于后人断食者，应注意如下：

（一）未断食时练习多食冷开水。断食初期改食冷生水，渐次加多。因断食时日饮五杯冷水殊不易，且恐腹泻也。

（二）断食初期时之粥或米汤，于微温时食之，不可太热。因与冷水混合，恐致腹痛。

余每晨起后，必通大便一次。今晨如常，但十时后屡放屁不止。二时后又打嗝儿甚多，此为平日所无。是日书楷字百六十八，篆字百零八。夜观焰口，至九时始眠。夜微嗽多恶梦，未能入眠。

二日，晴和，五十度。断食前期第二日。七时半起床，晨起无大便。是日午前十一时食粥一盂，梅一枚，紫苏叶二片。午后五时同。饮冷水三杯，食桔子三枚，因运动归来体倦故。是日舌苔白，口内粘滞，上牙里皮脱，精神如常，但过则疲□□。运动微觉疲倦，头目眩晕。自明日始即不运动。

晚侍和尚念佛，静坐一小时。写字百三十二，是日鼻塞。摹大同造像一幅，原拓本自和尚假来，尚有三幅明后续□□。八时半眠，夜梦为升高跳越运动。其处为器具拍卖场，陈设箱柜几椅并玩具装饰品等。余跳越于上，或腾空飞行于其间，足不履地，灵捷异常，获优胜之名誉。旁观有德国工程师二人，皆能操北京语。一人谓有如此之技能，可以任远东大运动会之某种运动，必获优胜，余逊谢之。一人谓练习身体，断食最有效，吾二人已二日不食。余即告余现在虎跑断食，亦已预备二日矣。其旁又有一中国人，持一表，旁写题目，中并列长短之直红线数十条，如计算增减高低之表式，是记余跳越高低之顺序者。是人持以示余，谓某处由低而高而低之处，最不易跳越，赞余有超人之绝技。后余出门下土坡，屡遇西洋妇人，皆与余为礼，贺余运动之成功，余笑谢之。梦至此遂醒。余生平未尝为一次运动，亦未尝梦中运动，头脑中久无此思想，忽得此梦，至为可异，殆因胃内虚空有以致之欤？

三日，晴和，五十二度。断食前第三日。七时半起床。是晨觉饥饿，胸中搅乱，苦闷异常，口干饮冷水。勉坐起披衣，头昏心乱，发虚汗作呕，力不能支，仍和衣卧少时。饮梅茶二杯，乃起床，精神疲惫，四肢无力。九时后精神稍复元，食桔子二枚。是晨无大便，饮药油一剂，十时半软便一次，甚畅快。十一时水泻一次，精神颇佳，与平常无大异。十一时二十分食粥半盂，梅一个，紫苏一枚。摹普泰造像、天监造像二页。饮水、食物，喉痛，或因泉水性太烈，使喉内脱皮之故。午后四时，饮水后打嗝笃，食小梨一个，五时食粥半盂。是日感冒伤风已愈，但有时微嗽。是日午后及晚，侍和尚念佛静坐一小时。八时半眠。入山预断以来，即不能为长时之安眠，旋睡旋醒，辗转反侧。

四日，晴和，五十三度。断食前第四日。七时半起床。是晨气闷心跳口渴，但较昨晨则轻减多矣，饮冷水稍愈。起床后头微晕，四肢乏力。食小桔一枚，香蕉半个。八时半精神如常，上楼访弘声上人，借佛经三部。午后散步至山门，归来已觉微疲。是日打嗝儿甚多，口时作渴，一共饮冷水四大杯。摹大明造像一页。写楷字八十四，篆字五十四。无大便。四时后头昏，精神稍减，食小桔二枚。是日十一时饮米汤二盂，食米粒二十余。八时就床，就床前食香蕉半个。自预备断食，每夜三时后腿痛，手足麻木。（余前每逢严冬有此旧疾，但不甚剧。）

五日，晴和，五十三度。断食前第五日。七时半起床。是夜前半颇觉身体舒泰，后半夜仍腿痛，手足麻木。三时醒，口干，心微跳，较昨减轻。食香蕉半个，饮冷水稍眠。六时醒，气体甚好。起床后不似前二日之头晕乏力，精神如常，心胸愉快。到菜园采花供铁瓶。食梨半个，吐渣。自昨日起，多写字，觉左腰痛。是日腹中屡屡作响，时流鼻涕，喉中肿烂尚未愈。午后侍和尚念经静坐一小时，微觉腰痛，不如前日之稳静。三时食梨半个，吐渣。食香蕉半个。午、晚饮米汤一盂。写字百六十二。傍晚精神稍差，恶寒口渴。本定于后日起断食，改自明日起断食，奉神诏也。

断食期内，每日饮梨汁一个之分量，饮桔汁三小个之分量，饮毕漱口。又因信仰上每晨餐神供生白米一粒，将眠，食香蕉半个。是日无大便，七时就床。是夜神经过敏甚剧，加以鼠声人鼾声，终夜未安眠。口甚干，后半夜腿痛稍轻，微觉肩痛。

六日，晴暖，晚半阴，五十六度。断食正期第一日。八时起床。三时醒，心跳胸闷，饮冷水桔汁及梅茶一杯。八时起床，手足乏力。头微晕，执笔作字殊乏力，精神不如昨日。八时半饮梅茶一杯。脑力渐衰，眼手不灵，写日记时有误字，多遗忘。九时半后精神稍可。十时后精神甚佳，口渴已愈。数日来喉中肿烂亦愈。今日到大殿去二次，计上下廿四级石阶四次，已觉足乏力，为以前所无。是日共饮梨汁一个，桔汁二个。傍晚精神不衰，较胜昨日，但足乏力耳。仍时流鼻涕，晚间精神尤佳。是日不觉如何饥饿。晚有便意，仅放屁数个，仍无便。是夜能安眠，前半夜尤稳安舒泰。眠前以棉花塞耳，并诵神人合一之旨。夜间腿痛已愈，但左肩微痛。七时就床，梦变为丰颜之少年，自谓系断食之效。

七日，阴复晴，夜大风，五十四度。断食正期第二日。六时半起床。四时醒，心跳微作即愈，较前二日减轻。饮冷水甚多。六时半即起床，因是日头晕已减轻，精神较昨日为佳，且天甚暖故早起床也。起床后饮桔汁一枚。晨览《释迦如来应化事迹图》。八时后精神不振，打哈欠，口塞流鼻涕，但起立行动如常。午后身体寒益甚，拥被稍息。想出食物数种，他日试为之。炒饼、饼汤、虾仁豆腐、虾子面片、十锦丝、咸口瓜。三时起床，冷已愈，足力比昨日稍健。是日无大便，饮冷水较多。前半夜肩稍痛，须左右屡屡互易，后半夜已愈。

八日，阴，大风，寒，午后时露日光，五十度。断食正期第三日。十时起床。五时醒，气体至佳，如前数日之心跳头晕等皆无。因天寒大风，故起床较迟。起床后精神甚佳，手足有力，到院内散步。四时半就床，午后益寒，因早就床。是日食欲稍动，有时觉饥，并默想各种食物之种类及其滋味。是夜安眠，足关节稍痛。

九日，晴，寒，风，午后阴，四十八度。断食正期第四日。八时半起床。四时醒，气体极佳，与日常无异。起床后精神如常，手足有力。朝日照入，心目豁爽。小便后尿管微痛，因饮水太多之故。自今日始不饮梨桔汁，改饮盐梅茶二杯。午后因饮水过多，胸中苦闷。是日午前精神最佳，写字八十四，到菜圃散步。午后寒，一时拥被稍息。三时起床，室内运动。是日不感饥饿。因天寒五时半就床。

十日，阴，寒，四十七度。断食正期第五日。十时半起床。四时半醒，气体精神与昨同。起床后精神至佳。是日因寒故起床较迟。今日加饮盐汤一小杯。十一时杨、刘二君来谈至欢。因寒四时就床。是日写字半页。近日神经过敏已稍愈。故夜间较能安眠。但因昨日饮水过多伤胃，胃时苦闷，今日饮水较少。

十一日，阴寒，夕晴，四十七度。断食正期第六日。九时半起床。四时半醒，气体与昨同。夜间右足微痛，又胃部终不舒畅。是日口干，因寒起床稍迟。饮盐汤半杯，饮梨汁。夕晴，心目豁爽。写字百三十八。坐檐下曝日，四时就床，因寒早就床。是晚感谢神恩，誓必归依。致福基书。

十二日，晨阴，大雾，寒，午后晴，四十八度。断食正期第七日。十一时起床。四时半醒，气体与昨同，足痛已愈，胃部已舒畅。口干，因寒不敢起床。十一时福基遣人送棉衣来，乃披衣起。饮梨汁及盐汤、桔汁。午后精神甚佳，耳目聪明，头脑爽快，胜于前数日。到菜圃散步。写字五十四。自昨日始，腹部有变动，微有便意，又有时稍感饥饿。是日饮水甚少。晚晴甚佳，四时半就床。

十三日，晨半晴阴，后晴和，夕风，五十四度。断食后期第一日。八时半起床。气体与昨同。晨饮淡米汤二盂，不知其味，屡有便意，口干后愈，饮梨汁桔汁。十一时饮浓米汤一盂，食梅干一个，不知其味。十一时服泻油少许，十一时半大便一次甚多。便色红，便时腹微痛，便后渐觉身体疲弱，手足无力。午后勉强到菜圃一次。是日不饮冷水。午前写字五十四。是日身体疲倦甚剧，断食正期未尝如是。胃口未开，不感饥饿，尤不愿饮米汤，是夕勉强饮一盂，不能再多饮。

十四日，晴，午前风，五十度。断食后期第二天。七时半起床。气体与昨同，夜间较能安眠。五时饮米汤一盂，口干，起床后精神较昨佳。大便轻泻一次，又饮米汤一盂，饮桔汁，食苹果半枚。是日因米汤梅干与胃口不合，于十一时饮薄藕粉一盂，炒米糕二片，极觉美味，精神亦骤加。精神复元，是日极愉快满足。一时饮薄藕粉一盂，米糕一片。写字三百八十四。腰腕稍痛，暗记诵《神乐歌序章》。四时食稀粥一盂，咸蛋半个，梅干一个，是日不感十分饥饿，如是已甚满足。五时半就床。

十五日，晴，四十九度。断食后期第三日。七时起床。夜间渐能眠，气体无异平时。拥衾饮茶一杯，食米糕三片。早食藕粉米糕，午前到佛堂菜圃散步，写字八十四。午食粥二盂，青菜咸蛋少许。夕食芋四个，极鲜美。食梨一个，桔二个。敬抄《御神乐歌》二页，暗记诵一、二、三下目。晚饮粥二盂，青菜咸蛋，少许梅干。晚食粥后，又食米糕饮茶，未能调和，胃不合，终夜屡打嗝儿，腹鸣。是日无大便，七时就床。

十六日，晴，四十九度。断食后期第四日。七时半起床。晨饮红茶一杯，食藕粉芋。午食薄粥三盂，青菜芋大半碗，极美。有生以来不知菜芋之味如是也。食桔，苹果，晚食与午同。是日午后出山门散步，诵《神乐歌》，甚愉快。入山以来，此为愉快之第一日矣。敬抄《神乐歌》七页，暗记诵四、五下目。晚食后食烟烟一服。七时半就床，夜眠较迟，胃甚安，是日无大便。

十七日，晴暖，五十二度。断食后期第五日。七时起床。夜间仍不能多眠，晨饮泻油极少量。晨餐浓粥一盂，芋五个，仍不足，再食米糕三个，藕粉一盂。九时半大便一次，极畅快。到菜圃诵《御神乐歌》。中膳，米饭一盂，粥二盂，油炸豆腐一碗。本寺例初一、十五始食豆腐，今日特因僧人某死，葬资有余，故以之购食豆腐。午前后到山门外散步二次。拟定出山门后剃须。闻玉采萝卜来，食之至甘。晚膳粥三盂，豆腐青菜一盂，极美。今日抄《御神乐歌》五页，暗记诵六下目。作书寄普慈。是日大便后愉快，晚膳后尤愉快，坐檐下久。拟定今后更名欣，字俶同。七时半就床。

十八日，阴，微雨，四十九度。断食后期最后一日。五时半起床。夜间酣眠八小时，甚畅快，入山以来未之有也。是晨早起，因欲食寺中早粥。起床后大便一次甚畅。六时半食浓粥三盂，豆腐青菜一盂，胃甚涨。坐菜圃小屋诵《神乐歌》，今日暗记诵七下目，敬抄《神乐歌》八页。午，食饭二盂，豆腐青菜一盂，胃涨大，食烟一服。午后到山中散步，足力极健。采干花草数枝，松子数个。晚食浓粥二盂，青菜半盂，仅食此不敢再多，恐胃涨也。餐后胸中极感愉快。灯下写字五十四，辑订断食中字课，七时半就床。

十九日，阴，微雨，四时半起床。午后一时出山归校。嘱托闻玉事件：晚饭菜，桔子，做衣服附袖头，廿二要，轿子油布，轿夫选择，新蚊帐，夜壶。自己事件：写真，付饭钱，致普慈信。

# 惠安弘法日记

后二十四年乙亥四月二十一日夕，自泉州南门外，乘古帆船航行。

十二日 晨到崇武，改乘小舟，风逆浪大，午前十时抵净峰寺。

十六日 往崇武，居普莲堂。

十七日十八日十九日 讲三皈五戒、《观音菩萨灵感》及《净土法门》等。

十九日下午 返净山。

二十一日 为亡母冥诞，开讲《华严经普贤行愿品》。

五月一日 讲竟。

初三日 为灵峰藕益大师圣诞。午后讲大师事迹。

六月七日 始讲《四分律戒本疏行宗记》。（二十一日，第二册讲竟。）

七月三十日 为地藏菩萨圣诞，午后讲九华山示迹大意。

八月五日 为亡父讳日。开讲《普贤行愿品偈颂》，七日讲竟。听者甚众，大半为耶教徒也。

二十三日 性愿老法师到净峰。

二十五日 请讲佛法大要。

二十七日 请师往崇武晴霞寺，代余讲《法华经普门品》。

二十九日 讲讫，每日听众百人左右。

十月 将去净峰，留题云：“乙亥四月，余居净峰，植菊盈畦，秋晚将归去。犹复含蕊未吐，口占一绝，聊以志别：‘我到为植种，我行花未开。岂无佳色在，留待后人来。’”

二十二日 去净峰，到惠安城，遇诸居士留宿。

二十三日 上午到科峰寺讲演，并为五人证受皈依，下午到泉州。

十一月十九日 复到惠安城，寓黄善人宅。

二十日 到科峰寺讲演，并为十人证受皈依。

二十一日 上午为一人证受皈依。下午乘马，行二十里，到许山头东堡。寓许连木童子宅。

二十二日 在瑞集岩讲演。

二十三日二十四日 在许童子宅讲演，并为二十人证受皈依及五戒。

二十五日 上午到后尾，寓刘清辉居士菜堂。下午讲演。

二十六日 上午到胡乡，寓胡碧连居士菜堂。下午开讲《阿弥陀经》。

二十八日 讲经竟。为十七人证受皈依及五戒。

二十九日 上午到谢贝，寓黄成德居士菜堂。

三十日 讲演。

十二月初一日 午到惠安城，寓李氏别墅。今为某小学校。

初二日 到如是堂讲演，听众近百人。

初三日 到泉州，卧病草庵。

# 壬丙南闽弘法略志

壬申十月 在厦门妙释寺，念佛会期讲《净土法门》大意。

十二月 同上，讲《人生之最后》。

癸酉正月十二日 同上，讲余之《改过实验谈》。

正月二十一日 始在妙释寺开讲《四分律含注戒本》及《戒相表记》。至二十五日，初二篇讲讫。

三月九日 在万寿岩讲《随机羯磨》。至五月八日，上卷讲讫。

四月七日 在万寿岩讲《地藏菩萨灵感》。

八日 授三皈依大意。

五月十五日 在泉州大开元寺讲放生与杀生之果报。

闰五月五日 同上，讲敬三宝。

六日 同上，讲《佩玉篇》共数次。

七月十一日 在承天寺讲常随佛学。

同日 在大开元寺讲读诵《华严经》文之灵感。

七月下旬 同上，讲《梵网戒本》。七日讫。

八月十一日 同上，讲《普贤行愿品》大意。三日讫。

八月二十四日 同上，续讲《四分律含注戒本》及《随机羯磨》。十月初三日讫。

十一月十五日 在草庵讲《梵网戒本》。三日讫。

十二月一日 讲《药师经》。三日讫。为故瑞意法师回向菩萨。

除夕夜 同上，讲藕益大师“普说”二则。

甲戌元旦 在草庵讲《随机羯磨初》二篇。十四日讲讫。

十九日二十日 补讲。

二十一日 为藕益大师涅槃日，讲大师遗作二首。

三月十八日 在南普陀寺讲《行事钞大盗戒》。

四月六日 讲讫。

七月 讲《一梦漫言》。半月余讲讫。

十一月 万寿岩开创念佛堂。讲说三日。

除夕夜 在万寿岩念佛堂讲说。

乙亥元旦 在万寿岩开讲《阿弥陀经》，七日讫。

二月 在泉州温陵养老院讲说。

二月 在开元慈儿院讲说。

二月 在大开元寺念佛会讲说。

三月 在大开元寺讲《一梦漫言》。半月讫。

十月 在承天寺戒坛讲《律学要略》三日。

十一月 同上。讲参学。

除夕 在草庵病榻讲说。

闰三月一日 在南普陀寺开讲《四分律含注戒本》初二篇。半月讲讫。

五月 在鼓浪日光岩，讲《净土法门》大意。

# 4

# 月圆

# 改习惯

**癸酉在泉州承天寺讲**

吾人因多生以来之夙习，及以今生自幼所受环境之熏染，而自然现于身口者，名曰习惯。

习惯有善有不善，今且言其不善者。常人对于不善之习惯，而略称之曰习惯。今依俗语而标题也。

在家人之教育，以矫正习惯为主。出家人亦尔。但近世出家人，唯尚谈玄说妙。于自己微细之习惯，固置之不问。即自己一言一动，极粗显易知之习惯，亦罕有加以注意者。可痛叹也。

余于三十岁时，即觉知自己恶习惯太重，颇思尽力对治。出家以来，恒战战兢兢，不敢任情适意。但自愧恶习太重。二十年来，所矫正者百无一二。自今以后，愿努力痛改。更愿有缘诸道侣，亦皆奋袂兴起，同致力于此也。

吾人之习惯甚多。今欲改正，宜依如何之方法耶？若胪列多条，而一时改正，则心劳而效少，以余经验言之，宜先举一条乃至三四条，逐日努力检点，既已改正，后再逐渐增加可耳。

今春以来，有道侣数人，与余同研律学，颇注意于改正习惯。数月以来，稍有成效。今愿述其往事，以告诸公。但诸公欲自改其习惯，不必尽依此数条，尽可随宜酌定。余今所述者，特为诸公作参考耳。

学律诸道侣，已改正习惯，有七条。

一、食不言。现时中等以上各寺院，皆有此制，故改正甚易。

二、不非时食。初讲律时，即由大众自己发心，同持此戒。后来学者亦尔。遂成定例。

三、衣服朴素整齐。或有旧制，色质未能合宜者，暂作内衣，外罩如法之服。

四、别修礼诵等课程。每日除听讲、研究、钞写及随寺众课诵外，皆别自立礼诵等课程，尽力行之。或有每晨于佛前跪读《法华经》者，或有读《华严经》者，或有读《金刚经》者，或每日念佛一万以上者。

五、不闲谈。出家人每喜聚众闲谈，虚丧光阴，废弛道业，可悲可痛！今诸道侣，已能渐除此习。每于食后，或傍晚、休息之时，皆于树下檐边，或经行，或端坐，若默诵佛号、若朗读经文、若默然摄念。

六、不阅报。各地日报，社会新闻栏中，关于杀盗淫妄等事，记载最详。而淫欲诸事，尤描摹尽致。虽无淫欲之人，常阅报纸，亦必受其熏染。此为现代世俗教育家所痛慨者。故学律诸道侣，近已自己发心不阅报纸。

七、常劳动。出家人性多懒惰，不喜劳动。今学律诸道侣，皆已发心，每日扫除大殿及僧房檐下，并奋力作其他种种劳动之事。

以上已改正之习惯，共有七条。

尚有近来特实行改正之二条，亦附列于下：

一、食碗所剩饭粒。印光法师最不喜此事。若见剩饭粒者，即当面痛诃斥之。所谓施主一粒米、恩重大如山也。但若烂粥烂面留滞碗上不易除去者，则非此限。

二、坐时注意威仪。垂足坐时，双腿平列。不宜左右互相翘架，更不宜耸立或直伸。余于在家时，已改此习惯。且现代出家人普通之威仪，亦不许如此。想此习惯不难改正也。

总之，学律诸道侣，改正习惯时，皆由自己发心。决无人出命令而禁止之也。

# 改过实验谈

**癸酉正月在厦门妙释寺讲**

今值旧历新年，请观厦门全市之中，新气象充满，门户贴新春联，人多着新衣，口言恭贺新禧、新年大吉等。我等素信佛法之人，当此万象更新时，亦应一新乃可。我等所谓新者何，亦如常人贴新春联、着新衣等以为新乎？曰：不然。我等所谓新者，乃是改过自新也。但“改过自新”四字范围太广，若欲演讲，不知从何说起。今且就余五十年来修省改过所实验者，略举数端为诸君言之。

余于讲说之前，有须预陈者，即是以下所引诸书，虽多出于儒书，而实合于佛法。因谈玄说妙修证次第，自以佛书最为详尽。而我等初学之人，持躬敦品、处事接物等法，虽佛书中亦有说者，但儒书所说，尤为明白详尽，适于初学。故今多引之，以为吾等学佛法者之一助焉。以下分为总论别示二门。

总论者，即是说明改过之次第：

一、学　须先多读佛书儒书，详知善恶之区别及改过迁善之法。倘因佛儒诸书浩如烟海，无力遍读，而亦难于了解者，可以先读《格言联璧》一部。余自儿时，即读此书。归信佛法以后，亦常常翻阅，甚觉其亲切而有味也。此书佛学书局有排印本甚精。

二、省　既已学矣，即须常常自己省察，所有一言一动，为善欤，为恶欤？若为恶者，即当痛改。除时时注意改过之外，又于每日临睡时，再将一日所行之事，详细思之。能每日写录日记，尤善。

三、改　省察以后，若知是过，即力改之。诸君应知改过之事，乃是十分光明磊落，足以表示伟大之人格。故子贡云："君子之过也，如日月之食焉；过也人皆见之，更也人皆仰之。"又古人云："过而能知，可以谓明。知而能改，可以即圣。"诸君可不勉乎！

别示者，即是分别说明余五十年来改过迁善之事。但其事甚多，不可胜举。今且举十条为常人所不甚注意者，先与诸君言之。《华严经》中皆用十之数目，乃是用十以表示无尽之意。今余说改过之事，仅举十条，亦尔；正以示余之过失甚多，实无尽也。此次讲说时间甚短，每条之中仅略明大意，未能详言，若欲知者，且俟他日面谈耳。

一、虚心　常人不解善恶，不畏因果，决不承认自己有过，更何论改？但古圣贤则不然。今举数例：孔子曰：“五十以学易，可以无大过矣。”又曰：“闻义不能徙，不善不能改，是吾忧也。”蘧伯玉为当时之贤人，彼使人于孔子。孔子与之坐而问焉，曰：“夫子何为？”对曰：“夫子欲寡其过而未能也。”圣贤尚如此虚心，我等可以贡高自满乎！

二、慎独　吾等凡有所作所为，起念动心，佛菩萨乃至诸鬼神等，无不尽知尽见。若时时作如是想，自不敢胡作非为。曾子曰：“十目所视，十手所指，其严乎！”又引《诗》云：“战战兢兢，如临深渊，如履薄冰。”此数语为余所常常忆念不忘者也。

三、宽厚　造物所忌，曰刻曰巧。圣贤处事，唯宽唯厚。古训甚多，今不详录。

四、吃亏　古人云：“我不识何等为君子，但看每事肯吃亏的便是。我不识何等为小人，但看每事好便宜的便是。”古时有贤人某临终，子孙请遗训，贤人曰：“无他言，尔等只要学吃亏。”

五、寡言　此事最为紧要。孔子云："驷不及舌。"可畏哉！古训甚多，今不详录。

六、不说人过　古人云："时时检点自己且不暇，岂有功夫检点他人。"孔子亦云："躬自厚而薄责于人。"以上数语，余常不敢忘。

七、不文己过　子夏曰："小人之过也必文。"我众须知文过乃是最可耻之事。

八、不覆己过　我等倘有得罪他人之处，即须发大惭愧，生大恐惧。发露陈谢，忏悔前愆。万不可顾惜体面，隐忍不言，自诳自欺。

九、闻谤不辩　古人云："何以息谤？曰：无辩。"又云："吃得小亏，则不至于吃大亏。"余三十年来屡次经验，深信此数语真实不虚。

十、不瞋　瞋习最不易除。古贤云："二十年治一怒字，尚未消磨得尽。"但我等亦不可不尽力对治也。《华严经》云："一念心，能开百万障门。"可不畏哉！

因限于时间，以上所言者殊略，但亦可知改过之大意。最后，余尚有数言，愿为诸君陈者：改过之事，言之似易，行之甚难。故有屡改而屡犯，自己未能强作主宰者，实由无始宿业所致也。务请诸君更须常常持诵阿弥陀佛名号，观世音地藏诸大菩萨名号，至诚至敬，恳切忏悔无始宿业，冥冥中自有不可思义之感应。承佛菩萨慈力加被，业消智朗，则改过自新之事，庶几可以圆满成就，现生优入圣贤之域，命终往生极乐之邦，此可为诸君预贺者也。

常人于新年时，彼此晤面，皆云恭喜，所以贺其将得名利。余此次于新年时，与诸君晤面，亦云恭喜，所以贺诸君将能真实改过不久将为贤为圣；不久决定往生极乐，速成佛道，分身十方，普能利益一切众生耳。

# 律学要略

**二十四年十一月讲于泉州承天寺戒期胜会中　万泉记录**

我出家以来在江浙一带，并不敢随便讲经或讲律，更不敢赴什么传戒的道场；其缘故是因个人感觉学力不足。非常惭愧地，三年来在闽南虽有讲些东西，自心总不满。这次本寺诸位长者再三地唤我来参加戒期胜会，在人情不得已中，故今天来与诸位谈谈；但因时间匆促未能预备，参考书又缺少，间或个人精神衰弱，拟在此共讲三天。今天先专为求授比丘戒者讲些律宗历史；他人傍听，虽不能解，亦是种植善根之事。

为比丘者，应先了知戒律传入此土之因缘，及此土古今律宗盛衰之大概。由东汉至曹魏之初，僧人无归戒之举，唯剃发而已。魏嘉平年中，天竺僧人传法时到中土，乃立羯磨受法；是为戒律之始。当是时可算是真实传授比丘戒的开始，后来渐渐地繁盛起来。

大部之广律，最初传来的是《十诵律》。翻译这部律的是姚秦时鸠摩罗什法师；庐山净宗初祖远公法师亦竭力劝请赞扬。六朝时此律最盛于南方。其次翻译的是《四分律》，和《十诵律》相去不远的时候；但迟至隋朝乃有人弘扬提倡，至唐初乃大盛。第三部是《僧祇律》，东晋时翻译的，六朝时北方稍有弘扬者。刘宋时继《僧祇律》后，有《五分律》。翻译这部律的人，即是译六十卷《华严经》者。文精而简，道宣律师甚赞；可惜罕有人弘扬。至其后有《有部律》，乃唐武则天时义净法师的译著，即是西藏一带最通行的律。当初义净法师在印度有二十余年的历史。他博学强记，贯通律学精微；非至印度之其他借人所能及，实空前绝后的中国大律师。义净回国翻译终毕，他年亦老了，不久即圆寂；以后无有人弘扬，可惜！可惜！此外诸部律论很多，不遑枚举。

关于《有部律》，我个人起初见之甚喜，研究多年；以后因朋友劝告，即改研南山律。其原因是南山律依四分律而成，又稍有变化，能适合吾国僧众之根器故。现在我即专就四分律之历史大略说些。

唐代是四分律最兴时期。以前所弘扬的是《十诵律》;《四分律》少人弘扬。唐初《四分律》学者乃盛，共有三大派：一相部律，以法砺律师为主；二南山律，以道宣律师为主；三东塔律，以怀素律师为主。法砺律师在道宣之前，道宣会就学于他。怀素律师在于道宣之后，亦曾亲近法砺、道宣二律师。斯律虽有三大派之分，最盛行于世的可算南山律了。南山律师著作浩如渊海；其中《行事钞》最负盛名，是时任何宗派之学者皆须研行事钞。自唐至宋，解者六十余家。唯灵芝元照律师最胜。元照律师此外尚有许多其他经律的注释。元照后，律学渐渐趋于消沉，罕有人发心弘扬。

南宋后禅宗益盛，律学更无人过问，所有唐宋诸家的律学撰述数千卷悉皆散失。迨至清初，唯存南山《随机羯磨》一卷；如是观之，大足令人兴叹不已！明末清初，有藕益、见月诸大师等，欲重兴律宗；但最可憾者，是唐宋古书不得见。当时藕益大师著述有《毗尼事义集要》，初讲时人数已不多，以后更少，结果成绩颓然。见月律师弘律颇有成绩，撰述甚多。有解《随机羯磨》者《毗尼作持》，与南山颇有不同之处；因不得见南山著作故。此外尚有最负盛名的《传戒正范》一部。从明末至今，传戒之书独此一部。传戒尚存一线曙光之不绝，惟赖此书；虽与南山之作未能尽合，然其功甚大，不可轻视！但近代受戒仪轨，又依此稍有增减，亦不是见月律师《传戒正范》之本来面目了。

南宋至清七百余年，关于唐宋诸家律学撰述，可谓无存。清光绪末年，乃自日本请还唐宋诸家律书之一部分。近十余年间，在天津已刊者数百卷；此外《续藏经》所收尚未另刊者，犹有数百卷。

今后倘有人发心专力研习弘扬，可以恢复唐代之古风。凡藕益、见月等所欲求见者，今悉俱在，我们生此时候，实比藕益、见月诸大师幸福多多。

但学律非是容易的事情，我虽然学律近二十年，仅可谓为学律之预备，及得窥见少许之门径。再预备数年，乃可着手研究。以后至少亦须研究二十年，乃可稍有成绩；奈我现在老了！恐不能久住世间。很盼望你们有人能发心专学戒律，以继我所未竟之志，则至善矣！

我们应知道，现在所流通之《传戒正范》，非是完美之书，何况更随便增减！所以必须今后恢复古法乃可；此皆你们的责任，我甚希望大家共同勉励进行！（第一天所讲者已毕）第二天、第三天所讲的是：三归、五戒，乃至菩萨戒之要略。

三归、五戒、八戒、沙弥、沙弥尼戒、式叉摩那戒、比丘、比丘尼戒、菩萨戒等。就普通说：菩萨戒为大乘，余皆小乘；但亦未必尽然，应依受者发心如何而定。我近来研究南山律，内中有云："无论受何戒法，皆要先发大乘心"；由此看来，那有一种戒法，专名为小乘的呢？再就受戒方法论，如三归五戒、沙弥沙弥尼戒，皆用三归依受。至于比丘、比丘尼戒、菩萨戒，则须依羯磨文受；又如式叉摩那，则是用羯磨与学戒法，不是另外得戒，与上不同。再依在家出家分之，就普通说：在家如三归五戒八戒等，出家如沙弥比丘等。实而言之，三归五戒八戒，皆通在家出家。诸位听着这话，或当怀疑。今我以例证之，如明灵峰藕益大师，他初亦受比丘戒，后退作但三归人：如是言之，只有三归亦可算出家人。

又若单五戒亦可算出家人；因剃发以后，必先受五戒，后再受沙弥戒。未受沙弥戒前，只是五戒之出家人；故五戒通于在家出家，有在家优婆塞，出家优婆塞之别。例如：明藕益大师之大弟子成时、性旦二师，皆自称为出家优婆塞。成时大师为编辑《净土十要》及《灵峰宗论》者，性旦大师为记录《弥陀要解》者；皆是明末的高僧。

八戒何为亦通在家出家？药师经中说：比丘亦可受八戒。比丘再受八戒，为欲增上功德故；这样看起来，八戒亦通于僧俗。

以上略判竟，以下一一分别说之：

三归：不属于戒，仅名三归。三归者，归依佛、归依法、归依僧。未受以前必须要了解三归道理，并非糊里糊涂地盲从瞎说；如这样子皆不得三归。

所谓三宝有四种之别：一理体三宝、二化相三宝、三住持三宝、四一体三宝；尽讲起来，很深奥复杂。现在且专就住持三宝来说。三宝意义是什么？佛法僧。所谓佛即形像。如：释迦佛像、药师佛像、弥陀佛像等；法即佛所说之经。如：《法华经》《楞严经》等，皆佛金口所流露出来之法；僧即出家剃发受戒有威仪之人。以上所说佛法僧道理，可谓最浅近，诸位谅皆能明了吧？

归依，即回转的意义。因前背舍三宝，而今转向三宝，故谓之归依。但无论出家在家之人，若受三归时，最重要点有二：第一要注意归依三宝是何意义。第二当受三归时，师父所说应当十分明白。或师父所讲的话，全是文言不能了解，如是决不能得三归；或隔离太远，听不明白，亦不得三归；或虽能听到，大致了解，其中尚有一二怀疑处，亦不得三归。又正受之时，即是归依佛、归依法、归依僧，三说。此最要紧，应十分注意。以后之归依佛竟、归依法竟、归依僧竟，是名三结，无关紧要。所以诸位发心受戒，应先了知三归意义。又当正授时，要在先归依佛三遍注意，乃可得三归。

以上三归说已；下说五戒。

五戒：就五戒而言，亦要请师先为说明。五戒者：杀、盗、淫、妄、酒。当师父说明五戒意义时，切要用白话，浅近明了，使人易懂。受戒者听毕，应先自思量：如是诸戒能持否？若不能全持，或一，或二，或三，或四，皆可随意；宁可不受，万不可受而不持！且就杀生而论，未受戒者，犯之本应有罪；若已受不杀戒者犯之，则罪更加重一倍，可怕不可怕呢？你们试想一想，如果不能受持，勉强敷衍，实是自寻烦恼。据我思之，五戒中最容易持的，是不邪淫、不饮酒。诸位可先受这两条最为稳当；至于杀与妄语，有大小之分，大者虽不易犯，小者实为难持；又五戒中最为难持的，莫如盗戒，非于盗戒戒相研究十分明了之后，万不可率尔而受。所以我盼望诸位对于盗戒一条，缓缓再说，至要！至要！但以现在传戒情形看起来，在这许多人众集合场中，实际上是不能如上一一别受。我想现在受五戒时，不妨合众总受五戒。俟受戒后，再自己斟酌取舍，亦未为不可。于自己所不能奉持的数条，可以在引礼师前或俗人前舍去。这样办法，实在十分妥当。在授者减麻烦，诸位亦可免除烦恼。另外还有一句要紧的话，倘有人怀疑于此大众混杂扰乱之时，心中不能专一注想，或恐犹未得戒者，不妨请性愿老法师，或其他善知识，再为重授一次，他们当会慈悲允许。诸位！你们万不可轻视三归五戒！我有句老实话对诸位说：菩萨戒不是容易得的，沙弥戒及比丘戒是不能得的。无论出家或在家人所希望者，唯有三归五戒。我们倘能得三归五戒，那就是很好的了。因受持五戒来生定可为人。既能持五戒，再说念阿弥陀佛名号，求生西方，临终时定能往生西方极乐世界，岂不甚好。就我自己而论，对于菩萨戒是有名无实；沙弥戒及比丘戒决定未得。即以五戒而言，亦不敢说完全。只可谓为出家多分优婆塞而已，这是实话。所以我盼望诸位要注意三归五戒。当受五戒，应知于前说三归正得戒体，最宜注意！后说五戒戒相为附属之文，不是在此时得戒；又须请师先为说明五戒之广狭。例如：饮酒一戒，不惟不饮泉州酒店之酒；凡尽法界虚空界之戒缘境酒，皆不可饮，杀盗淫妄亦复如是。所以受戒功德普遍法界，实非人力所能思议！

宝华山见月律师所编《三归五戒正范》，所有开示多用骈体文，闻者万不能了解，等于虚文而已，最好请师译成白话。

此外我更附带言之：近有为人受五戒者，于不饮酒后加不吸烟一句；但这不吸烟可不必加入，应另外劝告，不应加入五戒文中。

以上说五戒毕，以下讲八戒。

八戒：具云八关斋戒。“关”者，禁闭非逸，关闭所有一切非善事。“斋”是清的意思，绝诸一切杂想事。八关斋戒本有九条，因其中第七条包含两条，故合计为八条。前五与五戒同，后三条是另加的。后加三者，即第六华香、璎珞、香油涂身，这是印度美丽装饰之风俗。我国只有花香，并无璎珞等。但所谓香，如吾国香粉、香水、香牙粉、香牙膏及香皂等，皆不可用。

第七高胜床上坐，作倡伎乐故往观听，这就是两条合为一条的。现略为分析："高"是依佛制度，坐卧之床脚，最高不能超过一尺六寸。"胜"是指金银牙角等之装饰，此皆不可。但在他处不得已的时候，暂坐可开。佛制是专为自制的，须结正罪，如别人已作成功的不是自制的，罪稍轻。作倡伎乐故往观听，音乐影戏等属此条，所谓故往观听之"故"字要注意，于无意中偶然听到或看见的不犯。以上高胜床上坐、作倡伎乐故往观听，共合为一条。受八关斋戒的人，皆不可为。

第八非时食：佛制受八关斋戒后，自黎明至正午可食。倘越时而食，即叫作非时食；即平常所说的过午不食。但正午后不单是饭等不可食，如牛乳水果等均不可用；此外如病重者，于不得已中，可在大家看不到的地方，开食粥等。

受八关斋戒，普通于六斋日受。六斋日者：初八、十四、十五、二十三，及月底最后二日；倘更能发心日日受，那是最好不过了！受时要在每天晨起时，期限以一日一夜——天亮时至夜，夜至明早。受八关斋戒后，过午不食一条，应从今天正午后，至明日黎明时，皆不可食。又八戒与菩萨戒比较别的戒有区别：因为八戒与菩萨戒，是顿立之戒（但上说的菩萨戒，是局就梵网、璎珞等而说的；若依瑜伽戒本，则属于渐次之戒）。这是什么缘故呢？未受五戒、沙弥戒、比丘戒，皆可即受菩萨戒，或八戒，故曰顿立。若渐次之戒，必依次第。如先五戒，次沙弥戒，次比丘戒，层层上去的。以上所说八关斋戒，外江居士受的非常之多。我想闽南一带，将来亦应当提倡提倡！若嫌每月六日太多，可减至一日或两日亦无不可；因仅受一日，即有极大功德，何况六日全受呢？

沙弥戒：沙弥戒诸位已听了吧？此乃正戒共十条，其中九条同八戒，另加手不捉钱宝一条，合而为十，但手不捉钱宝一条，平常人不明白，听了皆怕，不知此不捉钱宝是易持之戒。律中有方便办法，叫作“说净”。经过说净的仪式后，亦可照常自己捉持。最所繁难者，是正戒十条外于比丘戒亦应学习，犯者结罪。我初出家时不晓得，后来学律才知道。这样看起来，持沙弥戒亦是不容易的一回事。

沙弥尼戒：即女众，法戒与沙弥同。

式叉摩那戒：梵语式叉摩那，此云学法女。外江各丛林，皆谓在家贞女为式叉摩那。只用贞女之名，这是错误的。闽南这边，那年开元寺传戒时，对于贞女不称式叉摩那，只用贞女之名，这是很通的。平常人多不解何者为式叉摩那，我现在略为解释一下：哪一种人可受式叉摩那戒呢？要已受沙弥尼戒的人，于十八岁时，受式叉摩那法，学习二年，然后再受比丘尼戒。因为佛制二十岁乃可受戒，于十八岁时，再学二年，正当二十岁。于二年学习时，僧作羯磨，与学戒法。二年学毕，乃可受比丘尼戒。但式叉摩那，要具学三法：一学根本法——即四重戒。二学六法——染心相触、盗减五钱、断畜命、小妄语、非时食、饮酒。三学行法——大尼诸戒及威仪。

此仅是受学戒法，非另外得戒，故与他戒不同。以下讲比丘戒。

比丘戒：因时间很短，现在不能详细说明，唯有几句要紧话先略说之：

我们生此末法时代，沙弥戒与比丘戒皆是不能得的：原因甚多甚多！今且举出一种来说，就是没有能授沙弥戒比丘戒的人。若受沙弥戒比丘戒，必定以比丘来授才可。如受时，沙弥戒须二比丘授，比丘戒至少要五比丘授。倘若找不到比丘的话，不单比丘戒受不成，沙弥戒亦受不成。我有一句很伤心的话，要对诸位讲：从南宋迄今六七百年来，或可谓僧种断绝了！以平常人眼光看起来，以为中国僧众很多，大有达至几百万之概。据实而论，这几百万中间，要找出一个真比丘，恐怕也是不容易的事情！如此怎样能授沙弥比丘戒呢？既没有能授戒的人，如何会得戒呢？我想诸位听到这话，心中一定十分扫兴。或有人以为既不得戒，我们白吃辛苦，不如早些回去好，何必在此辛辛苦苦做这种极无意味的事情呢？但如此怀疑是大不对的。我劝诸位应好好地、镇静地在此受沙弥戒比丘戒才是！虽不得戒，亦能种植善根，兼学种种威仪，岂不是好；又若想将来学律，必先挂名受沙弥比丘戒。否则以学律，必受他人讥评。所以你们在这儿发心受沙弥比丘戒是很好的！

这次本寺诸位长老请我来讲律学大意，我感觉着有种种困难之点，这是什么缘故呢？比方我在这儿，不依据佛所说的道理讲，一味地随顺他人，顾惜情面，敷衍了事，岂不是我害了你们吗？若依实在的话与你们讲，又恐怕因此引起你们的怀疑，所以我觉着十分困难。因此不得已，对于诸位分作两种说法：（一）老实不客气地，必须要说明受戒真相。恐怕诸位出戒堂后，妄自称为沙弥或比丘，致招重罪，那是不得了的事情！我有种比方，譬如泉州这地方有司令官等，不识相的老百姓亦自称我是司令官，如司令官等听到，定遭不良结果，说不定有枪毙之危险！未得沙弥比丘戒者，妄自称为沙弥或比丘，必定遭恶报，亦就是这个道理。我为着良心的驱使，所以要对诸位说老实话。（二）以现在人情习惯看起来，我总劝诸位受戒，挂个虚名，受后俾可学律；不然，定招他人诽谤之虞。这样的说，诸位定必明了吧？

更进一层说，诸位中若有人真欲绍隆僧种，必须求得沙弥比丘戒者，亦有一种特别的方法。即是如藕益大师礼《占察忏仪》，求得清净轮相，即可得沙弥比丘戒，除此以外无有办法。故藕益大师云：“末世欲得净戒，舍此占察轮相之法，更无别途。”因为得清净轮相之后，即可自誓总受菩萨戒。而沙弥比丘戒皆包括在内，以后即可称为菩萨比丘。礼占察忏得清净轮相，虽是极不容易的事，倘诸位中有真发大心者，亦可奋力进行。这是我最希望你们的！

以下说比丘尼戒。

比丘尼戒：现在不能详说。依据佛制，比丘尼戒，要重复受两次：先依尼僧授本法，后请大僧正授，但正得戒时，是在大僧授时；此法南宋以后已不能实行了。

最后说菩萨戒：

菩萨戒：为着时间关系，亦不能详说。现在略举三事：（一）要有菩萨种姓，又能发菩提心，然后可受菩萨戒。什么是种姓呢？就简单来说：就是多生以来所成就的资格。所以当受戒时，戒师问：汝是菩萨否？应答曰：我是菩萨！这就是菩萨种姓！戒师又问：既是菩萨，已发菩提心否？应答曰：已发菩提心！这就是发菩提心。如这样子才能受菩萨戒。（二）平常人受菩萨戒者，皆是全受。但依《璎珞本业经》，可以随身分受，或一或多，与前所说的受五戒法相同。（三）犯相重轻，依旧疏新疏有种种差别，应随各人力量而行。现以例说：如妄语戒，旧疏说：大妄语乃犯波罗夷罪。新疏说：小妄语即犯波罗夷罪。如余所编辑之图表广明。至于起杀盗淫妄之心，即犯波罗夷，乃是为地上菩萨所制，我等凡夫是做不到的。

所谓菩萨戒虽不易得，但如有真诚之心，亦非难事。且可自誓受，不比沙弥比丘戒必须要请他人授；因为菩萨戒、五戒、八戒，皆可自誓受，所以我们颇有得菩萨戒之希望。

今天《律学要略》已经讲完，其中如有不妥当处或错误处，还请诸位原谅！最后我尚有几句话：诸位在此受戒很好！在近代说，如外江最有名望的地方，虽有传戒，实不及此地完备。这是这里办事很有热心、很有精神、很有秩序，诚使我佩服！使我赞美！就以讲律来说，此地戒期中，有讲沙弥律、比丘戒本、梵网经，他方是难有的。几年前泉州大开元寺于戒期中提倡讲律，大家皆说是破天荒的举动。本寺此次传戒之美备，实与数年前大开元寺相同；并有露天演讲，使外人亦有种植善根之机缘，诚办事周到之处。本年天灾频仍，泉州亦跑不出例外。在人心痛苦、境遇萧条的状况中，本寺居然以极大规模，很圆满地开戒，这无非是诸位长老及大护法的道德感化所致。我这次到此地，心实无限欢喜！此是实话，并非捧场。此次能碰着这大机缘与诸位相聚，甚慰衷怀！最后还要与诸位恭喜！

# 惜福习劳与自尊

### 丙子正月开学日在南普陀寺佛教养正院讲

养正院从开办到现在，已是一年多了。外面的名誉很好，这因为由瑞金法师主办，又得各位法师热心爱护，所以能有这样的成绩。

我这次到厦门，得来这里参观，心里非常欢喜。各方面的布置都很完美，就是地上也扫得干干净净的，这样，在别的地方，很不容易看到。

我在泉州草庵大病的时候，承诸位写一封信来——各人都签了名，慰问我的病状，并且又承诸位念佛七天，代我忏悔，还有像这样别的事，都使我感激万分！

再过几个月，我就要到鼓浪屿日光岩去方便闭关了。时期大约颇长久，怕不能时时会到，所以特地发心来和诸位叙谈叙谈。

今天所要和诸位谈的，共有四项：一是惜福，二是习劳，三是持戒，四是自尊，都是青年佛徒应该注意的。

## 惜福

“惜”是爱惜，“福”是福气。就是我们纵有福气，也要加以爱惜，切不可把它浪费。诸位要晓得，末法时代，人的福气是很微薄的；若不爱惜，将这很薄的福享尽了，就要受莫大的痛苦。古人所说“乐极生悲”，就是这意思啊！我记得从前小孩子的时候，我父亲请人写了一副大对联，是清朝刘文定公的句子，高高地挂在大厅的抱柱上，上联是“惜食，惜衣，非为惜财缘惜福”。我的哥哥时常教我念这句子，我念熟了，以后凡是临到穿衣或是饮食的当儿，我都十分注意，就是一粒米饭，也不敢随意糟掉；而且我母亲也常常教我，身上所穿的衣服当时时小心，不可损坏或污染。这因为母亲和哥哥怕我不爱惜衣食，损失福报，以致短命而死，所以常常这样叮嘱着。

诸位可晓得，我五岁的时候，父亲就不在世了！七岁我练习写字，拿整张的纸瞎写，一点不知爱惜，我母亲看到，就正颜厉色地说：“孩子！你要知道呀！

你父亲在世时，莫说这样大的整张的纸不肯糟蹋，就连寸把长的纸条，也不肯随便丢掉哩！”母亲这话，也是惜福的意思啊！

我因为有这样的家庭教育，深深地印在脑里，后来年纪大了，也没一时不爱惜衣食；就是出家以后，一直到现在，也还保守着这样的习惯。诸位请看我脚上穿的一双黄鞋子，还是民国九年（1920）在杭州时候，一位打念佛七的出家人送给我的。又诸位有空，可以到我房间里来看看，我的棉被面子，还是出家以前所用的；又有一把洋伞，也是民国初年（1912）买的。这些东西，即使有破烂的地方，请人用针线缝缝，仍旧同新的一样了。简直可尽我形寿受用着哩！不过，我所穿的小衫裤和罗汉草鞋一类的东西，却须五六年一换。除此以外，一切衣物，大都是在家时候或是初出家时候制的。

从前常有人送我好的衣服或别的珍贵之物，但我大半都转送别人。因为我知道我的福薄，好的东西是没有胆量受用的。又如吃东西，只生病时候吃一些好的，除此以外，从不敢随便乱买好的东西吃。

惜福并不是我一个人的主张，就是净土宗大德印光老法师也是这样，有人送他白木耳等补品，他自己总不愿意吃，转送到观宗寺去供养谛闲法师。别人问他："法师！你为什么不吃好的补品？"他说："我福气很薄，不堪消受。"

他老人家——印光法师，性情刚直，平常对人只问理之当不当，情面是不顾的。前几年有一位皈依弟子，是鼓浪屿有名的居士，去看望他，和他一道吃饭，这位居士先吃好，老法师见他碗里剩落了一两粒米饭，于是就很不客气地大声呵斥道："你有多大福气，可以这样随便糟蹋饭粒？！你得把它吃光！"

诸位！以上所说的话，句句都要牢记！要晓得：我们即使有十分福气，也只好享受三分，所余的可以留到以后去享受；诸位或者能发大心，愿以我的福气，布施一切众生，共同享受，那更好了。

## 习劳

"习"是练习，"劳"是劳动。现在讲讲习劳的事情：

诸位请看看自己的身体，上有两手，下有两脚，这原为劳动而生的。若不将他运用习劳，不但有负两手两脚，就是对于身体也一定有害无益的。换句话说，若常常劳动，身体必定康健。而且我们要晓得：劳动原是人类本分上的事，不唯我们寻常出家人要练习劳动，即使到了佛的地位，也要常常劳动才行，现在我且讲讲佛的劳动的故事：

所谓佛，就是释迦牟尼佛。在平常人想起来，佛在世时，总以为同现在的方丈和尚一样，有衣钵师、侍者师，常常侍候着，佛自己不必做什么；但是不然，有一天，佛看到地上不很清洁，自己就拿起扫帚来扫地，许多大弟子见了，也过来帮扫，不一时，把地扫得十分清洁。佛看了欢喜，随即到讲堂里去说法，说道："若人扫地，能得五种功德。……"

又有一个时候，佛和阿难出外游行，在路上碰到一个喝醉了酒的弟子，已醉得不省人事了；佛就命阿难抬脚，自己抬头，一直抬到井边，用桶汲水，叫阿难把他洗濯干净。

有一天，佛看到门前木头做的横楣坏了，自己动手去修补。

有一次，一个弟子生了病，没有人照应，佛就问他说："你生了病，为什么没人照应你？"那弟子说：

“从前人家有病，我不曾发心去照应他；现在我有病，所以人家也不来照应我了。”佛听了这话，就说：“人家不来照应你，就由我来照应你吧！”就将那病弟子大小便种种污秽，洗濯得干干净净；并且还将他的床铺，理得清清楚楚，然后扶他上床。

由此可见，佛是怎样的习劳了。佛决不像现在的人，凡事都要人家服劳，自己坐着享福。这些事实，出于经律，并不是凭空说说的。

现在我再说两桩事情，给大家听听：《弥陀经》中载着的一位大弟子——阿㝹（nóu）楼陀，他双目失明，不能料理自己，佛就替他裁衣服，还叫别的弟子一道帮着做。

有一次，佛看到一位老年比丘眼睛花了，要穿针缝衣，无奈眼睛看不清楚，嘴里叫着：“谁能替我穿针呀！”佛听了立刻答应说：“我来替你穿。”

以上所举的例，都足证明佛是常常劳动的。我盼望诸位，也当以佛为模范，凡事自己动手去做，不可依赖别人。

## 持戒

“持戒”二字的意义，我想诸位总是明白的吧！我们不说修到菩萨或佛的地位，就是想来生再做人，最低的限度，也要能持五戒。可惜现在受戒的人虽多，只是挂个名而已，切切实实能持戒的却很少。要知道：受戒之后，若不持戒，所犯的罪，比不受戒的人要加倍的大，所以我时常劝人不要随便受戒。至于现在一般传戒的情形，看了真痛心，我实在说也不忍说了！我想最好还是随自己的力量去受戒，万不可敷衍门面，自寻苦恼。

戒中最重要的，不用说是杀、盗、淫、妄，此外还有饮酒、食肉，也易惹人讥嫌。至于吃烟（部分地区的习惯叫法），在律中虽无明文，但在我国习惯上，也很容易受人讥嫌的，总以不吃为是。

## 自尊

“尊”是尊重，“自尊”就是自己尊重自己，可是人都喜欢人家尊重我，而不知我自己尊重自己；不知道要想人家尊重自己，必须从我自己尊重自己做起。怎样尊重自己呢？就是自己时时想着：我当做一个伟大的人，做一个了不起的人。比如我们想做一位清净的高僧吧，就拿《高僧传》来读，看他们怎样行，我也怎样行，所谓:“彼既大（丈）夫我亦尔。”又比方我想将来做一位大菩萨，那末，就当依经中所载的菩萨行，随力行去。这就是自尊。但自尊与贡高不同；贡高是妄自尊大、目空一切的胡乱行为；自尊是自己增进自己的德业，其中并没有一丝一毫看不起人的意思。

诸位万万不可以为自己是一个小孩子，是一个小和尚，一切不妨随便些，也不可说我是一个平常的出家人，哪里敢希望做高僧、做大菩萨。凡事全在自己做去，能有高尚的志向，没有做不到的。

诸位如果作这样想：我是不敢希望做高僧、做大菩萨的，那做事就随随便便，甚至自暴自弃，走到堕落的路上去了，那不是很危险的么？诸位应当知道：年纪虽然小，志气却不可不高啊！

我还有一句话，要向大家说，我们现在依佛出家，所处的地位是非常尊贵的，就以剃发、披袈裟的形式而论，也是人天师表，国王和诸天人来礼拜，我们都可端坐而受。你们知道这道理么？自今以后，就当尊重自己，万万不可随便了。

以上四项，是出家人最当注意的，别的我也不多说了。我不久就要闭关，不能和诸位时常在一块儿谈话，这是很抱歉的。但我还想在关内讲讲律，每星期约讲三四次，诸位碰到例假，不妨来听听！今天得和诸位见面，我非常高兴。我只希望诸位把我所讲的四项，牢记在心，作为永久的纪念！时间讲得很久了，费诸位的神，抱歉！抱歉！

丙子（一九三六年）三月讲于厦门

南普陀寺佛教斋正院 开学日

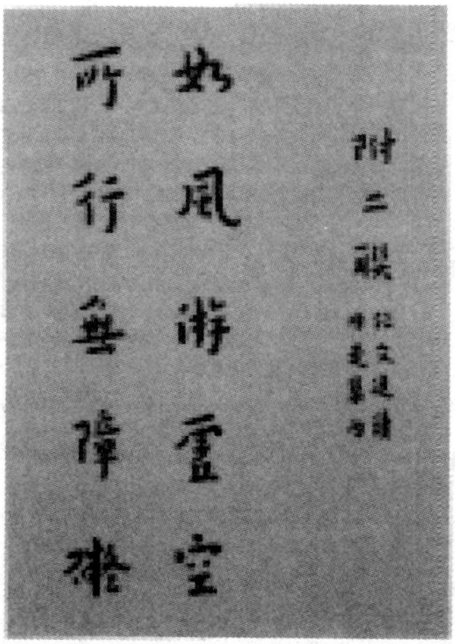

# 泉州开元慈儿院讲录

戊寅二月　吴棲霞记

我到闽南，已有十年，来到贵院，也有好几回，一回到院，都觉得有一番进步，这是使我很喜欢的。贵院各种课程，都有可观，其最使我满意赞叹的，就是早晚两堂课诵。古语道：人身难得，佛法难闻。诸生倘非夙有善根，怎得来这里读书，又复得闻佛法哩！今这样，真是好极了。诸生得这难得机缘，应各各起欢喜心，深自庆幸才是。

我今讲本师释迦牟尼佛在因地中为法舍身几段故事给诸位听，现在先引《涅槃经》一段来说。释迦牟尼佛在无量劫前，当无佛法时代，曾作婆罗门，这位婆罗门，品格清高，与众不同，发心访求佛法。那时忉利天王在天宫瞧见，要试此婆罗门，有无真心，化为罗刹鬼，状极凶恶，来与婆罗门说法，但是仅说半偈（印度古代的习惯以四句为一偈）。婆罗门听了罗刹鬼所说的半偈很喜欢，要求罗刹再说后半偈，罗刹不肯。婆罗门力求，罗刹便向婆罗门道：“你要我说后半偈，也可以，你应把身上的血给我饮，身上的肉给我吃，才可许你。”婆罗门为求法故，即时答应道：“我甚愿将我身上的血肉给你。”罗刹以婆罗门既然诚恳地允许，便把后半偈说给他听。婆罗门得闻了后半偈，真觉心满意足，不特自己欢喜，并且把这偈书写在各处，遍传到人间去。婆罗门在各处树木山岩上书写此四句偈后，为维持信用，便想应如何把自己肉血给罗刹吃呢？他就要跑上一棵很高很高的树上，跳跃下来，自谓可以丧了身命，便将血肉给罗刹吃。罗刹那时，看婆罗门不惜身命求法，心中十分感动，当婆罗门在高处舍身跃下，未坠地时，罗刹便现了天王的原形把他接住，这婆罗门因得不死。罗刹原系忉利天王所化，欲试试婆罗门的，今见婆罗门求法如此诚恳，自然是十分欢喜赞叹。若在婆罗门因志求无上正法，虽弃舍身命亦何所顾惜呢！刚才所说：婆罗门如此求法困难，不惜身命。诸位现在不要舍身，而很容易地得闻佛法，真是大可庆幸呀！

还有一段故事，也是《涅槃经》上说。过去无量劫时候，释迦牟尼佛，为一很穷困的人，当时有佛出世，见人皆先供养佛然后求法，己则贫穷无钱可供，他心生一计，愿以身卖钱来供佛，就到大街上去卖自己的身体。当在大街上喊卖身时，恰巧遇一病人，医生叫他每日应吃三两人肉，那病人看见有人卖身，便十分欢喜，因向贫人说："你每日给我三两人肉吃，我可以给你五枚金钱。"这位穷人，听了这话，与那病人商洽说：你先把五枚金钱拿来，我去买东西供养佛，求闻佛法，然后每日把我身上的肉割下给你吃。当时病人应允，即先付金钱。这穷人供佛闻法已毕，即天天以刀割身上的三两肉给病人吃，吃到一个月，病才痊愈。当穷人每天割肉的时候，他常常念佛所说的偈，精神完全贯注在法的方面，竟如没有痛苦，而且不久他的身体也就平复无恙了。这穷人因求法之故，发心做难行的苦行有如此勇猛。诸生现今在这院里求学，早晚皆得闻佛法，不但每日无须割去若干肉，而且有衣穿，有饭吃，这岂不是很难得的好机缘吗？

再讲一段故事，出于《贤愚经》。释迦牟尼佛在因地时候，有一次身为国王，因厌恶终其身居于国王位，没有什么好处，遂发心求闻佛法。当时来了一位婆罗门，对这国王说："王要闻法，可能把身体挖一千个孔，点一千盏灯来供养佛门吗？若能如此，便可为你说法。"那国王听婆罗门这句话，便慨然对他说："这有何难，为要闻法，情愿舍此身命，但我现有些少国事未了，容我七天，把这国事交下着落，便就实行。"到第七天，国事办完，王便欲在身上挖千个孔，点千盏灯，那时全国人民知道此事，都来劝阻。谓大王身为全国人民所依靠，今若这样牺牲，全国人民将何所赖呢？国王说："现在你们依靠我，我为你们做依靠，不过是暂时，是靠不住的，我今求得佛法，将来成佛，当先度化你们，可为你们永远的依靠，岂不更好，请大家放心，切勿劝阻。"那时国王马上就实行起来。呼左右将身上挖了一千孔，把油盛好，灯心安好，欣然对婆罗门说："请先说法，然后点灯。"婆罗门答应，就为他说法。国王听了，无限的满足，便把身上的一千盏灯，齐点起来。那时万众惊骇呼号。国王乃发大誓愿道："我为求法，来舍身命，愿我闻法以后，早成佛道，以大智慧光普照一切众生。"这声音一发，天地都震动了，灯光晃耀之下，诸天现前，即问国王："你身体如此痛苦，你心里也后悔吗？"国王答："绝不后悔。"后来国王复向空中发誓言："我这至诚求法之心，果能永久不悔，愿我此身体即刻回复原状。"话说未已，至诚所感，果然身上千个火孔，悉皆平复，并无些少创痕。刚才所说，闻法有如此艰难，诸生现在闻法则十分容易，岂不是诸生有大幸福吗！自今以后，应该发勇猛精进心，勤加修习才是！

以前我曾居住开元寺好几次，即住在贵院的后面，早晚闻诸生念佛念经很如法，音声亦甚好听，每站在房门外听得高兴。因各种课程固好，然其他学校也是有的，独此早晚二堂课诵，是其他学校所无，而贵院所独有的，此皆是贵院诸职教员善于教导，和你们诸位努力，才有这十分美满的成绩。我希望贵院，今后能继续精进努力不断地进步，规模益扩大，为全国慈儿院模范，这是我最后殷勤的希望。

# 世道人心与修行

**戊寅十月六日在晋江安海金墩宗祠讲**

欲挽救今日之世道人心，人皆知推崇佛法。但对于佛法而起之疑问，亦复不少。故学习佛法者，必先解释此种疑问，然后乃能著手学习。以下所举十疑及解释，大半采取近人之说而叙述之，非是讲者之创论。所疑固不限此，今且举此十端耳。

## 一、佛法非迷信

近来知识分子，多批评佛法，谓之迷信。

我辈详观各地寺庙，确有特别之习惯及通俗之仪式，又将神仙鬼怪等混入佛法之内，谓是佛法正宗。既有如此奇异之现象，也难怪他人谓佛法是迷信。

但佛法本来面目则不如此，决无崇拜神仙鬼怪等事。其仪式庄严，规矩整齐，实超出他种宗教之上。又佛法能破除世间一切迷信而与以正信，岂有佛法即是迷信之理。

故知他人谓佛法为迷信者，实由误会。倘能详察，自不至有此批评。

## 二、佛法非宗教

或有人疑佛法为一种宗教，此说不然。佛法与宗教不同，近人著作中常言之，兹不详述。应知佛法实不在宗教范围之内也。

## 三、佛法非哲学

或有人疑佛法为一种哲学，此说不然。

哲学之要求，在求真理，以其理智所推测而得之某种条件即谓为真理。其结果，有一元、二元、唯心种种之说。甲以为理在此，乙以为理在彼，纷纭扰攘，相诽相谤。但彼等无论如何尽力推测，总不出于错觉一途。譬如盲人摸象，其生平未曾见象之形状，因其所摸得象之一部分，即谓是为象之全体。故或摸其尾便谓象如绳，或摸象其背便谓象如床，或摸其胸便谓象如地。虽因所摸处不同而感觉互异，总而言之，皆是迷惑颠倒之见而已。

若佛法则不然，譬如明眼人能亲见全象，十分清楚，与前所谓盲人摸象者迥然不同。因佛法须亲证

“真如”，了无所疑，决不同哲学家之虚妄测度也。

何谓“真如”之意义？真真实实，平等一如，无妄情，无偏执，离于意想分别，即是哲学家所欲了知之宇宙万有之真相及本体也。夫哲学家欲发明宇宙万有之真相及本体，其志诚为可嘉。第太无方法，致枉费心力而终不能达到耳。

以上所说之佛法非宗教及哲学，仅略举其大概。若欲详知者，有南京支那内学院出版之《佛法非宗教非哲学》一卷，可自详研，即能洞明其奥义也。

## 四、佛法非违背于科学

常人以为佛法重玄想，科学重实验，遂谓佛法违背于科学。此说不然。近代科学持实验主义者，有两种意义。

一是根据眼前之经验，彼如何即还彼如何，毫不加以玄想。

二是防经验不足恃，即用人力改进，以补通常经验之不足。

佛家之态度亦尔，彼之“戒”“定”“慧”三无漏学，皆是改进通常之经验。但科学之改进经验重在客观之物件，佛法之改进经验重在主观之心识。如人患目病，不良于视，科学只知多方移置其物以求一辨，佛法则努力医治其眼以求复明。两者虽同为实验，但在治标治本上有不同耳。

关于佛法与科学之比较，若欲详知者，乞阅上海开明书店代售之《佛法与科学之比较研究》。著者王小徐，曾留学英国，在理工专科上迭有发现，为世界学者所推重。近以其研究理工之方法，创立新理论解释佛学，因著此书也。

## 五、佛法非厌世

常人见学佛法者，多居住山林之中，与世人罕有往来，遂疑佛法为消极的、厌世的。此说不然。

学佛法者，固不应迷恋尘世以贪求荣华富贵，但亦决非是冷淡之厌世者。因学佛法之人皆须发“大菩提心”，以一般人之苦乐为苦乐，抱热心救世之弘愿，不唯非消极，乃是积极中之积极者。虽居住山林中，亦非贪享山林之清福，乃是勤修“戒”“定”“慧”三学以预备将来出山救世之资具耳。与世俗青年学子在学校读书为将来任事之准备者，甚相似。

由是可知谓佛法为消极厌世者，实属误会。

## 六、佛法非不宜于国家之兴盛

近来爱国之青年，信仰佛法者少。彼等谓佛法传自印度，而印度因此衰亡，遂疑佛法与爱国之行动相妨碍。此说不然。

佛法实能辅助国家，令其兴盛，未尝与爱国之行动相妨碍。印度古代有最信仰佛法之国王，如阿育王、戒日王等，以信佛故，而统一兴盛其国家。其后婆罗门等旧教复兴，佛法渐无势力，而印度国家乃随之衰亡，其明证也。

## 七、佛法非能灭种

常人见僧尼不婚不嫁，遂疑人人皆信佛法必致灭种。此说不然。信佛法而出家者，乃为僧尼，此实极少之数。以外大多数之在家信佛法者，仍可婚嫁如常。佛法中之僧尼，与他教之牧师相似，非是信徒皆应为牧师也。

## 八、佛法非废弃慈善事业

常人见僧尼唯知弘扬佛法，而于建立大规模之学校、医院、善堂等利益社会之事未能努力，遂疑学佛法者废弃慈善事业。此说不然。

依佛经所载，布施有二种，一曰财施，二曰法施。出家之佛徒，以法施为主，故应多致力于弘扬佛法，而以余力提倡他种慈善事业。若在家之佛徒，则财施与法施并重，故在家居士多努力做种种慈善事业，近年以来各地所发起建立之佛教学校、慈儿院、医院、善堂、修桥、造凉亭乃至施米、施衣、施钱、施棺等事，皆时有所闻，但不如他教仗外国慈善家之财力所经营者规模阔大耳。

## 九、佛法非是分利

近今经济学者，谓人人能生利，则人类生活发达，乃可共享幸福。因专注重于生利。遂疑信仰佛法者，唯是分利而不生利，殊有害于人类，此说亦不免误会。

若在家人信仰佛法者，不碍于职业，士农工商皆可为之。此理易明，可毋庸议。若出家之僧尼，常人观之，似为极端分利而不生利之寄生虫。但僧尼亦何尝无事业，僧尼之事业即是弘法利生。倘能教化世人，增上道德，其间接直接有真实大利益于人群者正无量矣。

## 十、佛法非说空以灭人世

常人因佛经中说“五蕴皆空”“无常苦空”等，因疑佛法只一味说空。若信佛法者多，将来人世必因之而消灭。此说不然。

大乘佛法，皆说空及不空两方面。虽有专说空时，其实亦含有不空之义。故须兼说空与不空两方面，其义乃为完足。

何谓空及不空。空者是无我，不空者是救世之事业。虽知无我，而能努力做救世之事业，故空而不空。虽努力做救世之事业，而决不执著有我，故不空而空。如是真实了解，乃能以无我之伟大精神，而做种种之事业无有障碍也。

又若能解此义，即知常人执著我相而做种种救世事业者，其能力薄、范围小、时间促、不彻底。若欲能力强、范围大、时间久、最彻底者、必须于佛法之空义十分了解，如是所做救世事业乃能圆满成就也。

故知所谓“空”者，即是于常人所执著之我见打破消灭，一扫而空，然后以无我之精神，努力切实做种种之事业。亦犹世间行事，先将不良之习惯等一一推翻，然后良好之建设乃得实现。

信能如此，若云牺牲，必定真能牺牲；若云救世，必定真能救世。由是坚坚实实，勇猛精进而做去，乃可谓伟大，乃可谓彻底。所以真正之佛法先须向“空”上立脚，而再向“不空”上做去。岂是一味说“空”而消灭人世耶！

以上所说之十疑及释义，多是采取近人之说而叙述其大意。诸君闻此，应可免除种种之误会。

若佛法中之真义，至为繁广，今未能详说。惟冀诸君从此以后，发心研究佛法，请购佛书，随时阅览，久之自可洞明其义。是为余所厚望焉。

戊寅（一九三八年）十一月二十七日在福建

安海金墩宗祠讲

# 求觉悟

## 戊寅十月七日在晋江安海金墩宗祠讲

关于佛法之种种疑问，前已略加解释。诸君既无所疑惑，思欲着手学习，必须先了解佛法之各种宗派乃可。

原来佛法之目的，是求觉悟本无种种差别。但欲求达到觉悟之目的地以前，必有许多途径。而在此途径上，自不妨有种种宗派之不同也。

佛法在印度古代时，小乘有各种部执，大乘虽亦分“空”“有”二派，但未别立许多门户。吾国自东汉以后，除将印度所传来之佛法精神完全承受外，并加以融化光大，于中华民族文化之伟大悠远基础上，更开展中国佛法之许多特色。至隋唐时，便渐成就大小乘各宗分立之势。今且举十宗而略述之。

### 一、律宗 又名南山宗

唐终南山道宣律师所立。依《法华》《涅槃》经义，而释通小乘律，立圆宗戒体正属出家人所学，亦明在家五戒、八戒义。

唐时盛，南宋后衰，今渐兴。

## 二、俱舍宗

依《俱舍论》而立。分别小乘名相甚精，为小乘之相宗。欲学大乘法相宗者固应先学此论，即学他宗者亦应以此为根柢，不可以其为小乘而轻忽之也。

陈隋唐时盛弘，后衰。

## 三、成实宗

依《成实论》而立。为小乘之空宗，微似大乘。

六朝时盛，后衰，唐以后殆罕有学者。

以上二宗，即依二部论典而形成，并由印度传至中土。虽号称宗，然实不过二部论典之传持授受而已。

以上二宗属小乘，以下七宗皆是大乘，律宗则介于大小之间。

## 四、三论宗 又名性宗 又名空宗

三论者，即《中论》、《百论》、《十二门论》，是三部论皆依《般若经》而造。姚秦时，龟兹国鸠摩罗什三藏法师来此土弘传。

唐初犹盛，以后衰。

## 五、法相宗 又名慈恩宗 又名有宗

此宗所依之经论，为《解深密经》《瑜伽师地论》等。唐玄奘法师盛弘此宗。又糅合印度十大论师所著之《唯识三十颂》之解释而编纂成《唯识论》十卷，为此宗著名之典籍。此宗最要，无论学何宗者皆应先学此以为根底也。

唐中叶后衰微，近复兴，学者甚盛。

以上二宗，印度古代有之，即所谓“空”“有”二派也。

## 六、天台宗 又名法华宗

六朝时此土所立，以《法华经》为正依。至隋智者大师时极盛。其教义，较前二宗为玄妙。

隋唐时盛，至今不衰。

## 七、华严宗 又名贤首宗

唐初此土所立，以《华严经》为依。至唐贤首国师时而盛，至清凉国师时而大备。此宗最为广博，在一切经法中称为教海。

宋以后衰，今殆罕有学者，至可惜也。

## 八、禅宗

梁武帝时，由印度达摩尊者传至此土。斯宗虽不立文字，直明实相之理体。而有时却假用文字上之教化方便，以弘教法。如《金刚》《楞伽》二经，即是此宗常所依用者也。

唐宋时甚盛，今衰。

## 九、密宗 又名真言宗

唐玄宗时，由印度善无畏三藏、金刚智三藏先后传入此土。斯宗以《大日经》《金刚顶经》《苏悉地经》三部为正所依。

元后即衰，近年再兴，甚盛。

在大乘各宗中，此宗之教法最为高深，修持最为真切。常人未尝穷研，辄轻肆毁谤，至堪痛叹。余于十数年前，唯阅密宗仪轨，亦尝轻致疑议。以后阅《大日经疏》，乃知密宗教义之高深，因痛自忏悔。愿诸君不可先阅仪轨，应先习经教，则可无诸疑惑矣。

## 十、净土宗

始于晋慧远大师，依《无量寿经》《观无量寿佛经》《阿弥陀经》而立。三根普被，甚为简易，极契末法时机。明季时，此宗大盛。至于近世，尤为兴盛，超出各宗之上。

以上略说十宗大概已竟。大半是摘取近人之说以叙述之。

就此十宗中，有小乘、大乘之别。而大乘之中，复有种种不同。吾人于此，万不可固执成见，而妄生分别。因佛法本来平等无二，无有可说，即佛法之名称亦不可得。于不可得之中而建立种种差别佛法者，乃是随顺世间众生以方便建立。因众生习染有浅深，觉悟有先后。而佛法亦依之有种种差别，以适应之。譬如世间患病者，其病症千差万别，须有多种药品以适应之，其价值亦低昂不等。不得仅尊其贵价者，而废其他廉价者。所谓药无贵贱，愈病者良。佛法亦尔，无论大小权实渐顿显密，能契机者，即是无上妙法也。故法门虽多，吾人宜各择其与自己根机相契合者而研习之，斯为善矣。

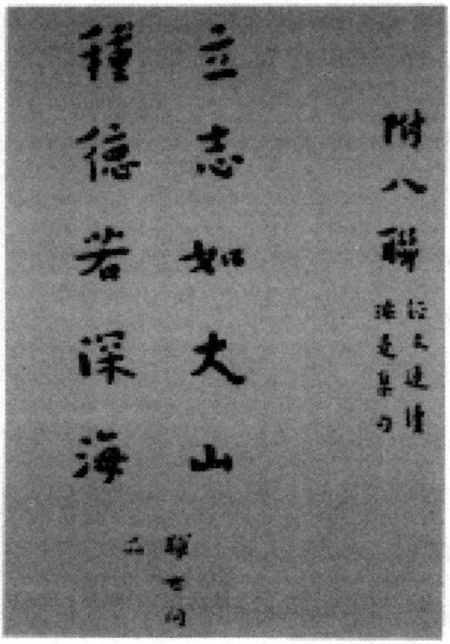
附八聯
立志如大山
種德若深海

# 人生是苦，人世常乐

## 由佛教教义而来的误解

佛教传入中国，已有一千九百多年的历史，所以佛教与中国的关系非常密切。中国的文化、习俗，影响佛教，佛教也影响了中国的文化习俗，佛教已成为我们自己的佛教。但佛教是来自印度，印度的文化特色，有些是中国人所不易明了的，受了中国习俗的影响，有些是不合佛教的本意的。所以佛教在中国，信佛法的与不相信佛法的人，对于佛教，每每有些误会，不明佛教本来的意义，产生错误的见解，因此相信佛法的人，不能正确地信仰，批评佛教的人，也不会批评到佛教本身，我觉得信仰佛教或者怀疑评论佛教的人，对佛教的误解应该先要除去，才能真正地认识佛教，现在先提出重要的几点，希望大家能有正确的见解。

## 一、由于佛教教义而来的误解

佛法的道理很深，有的人不明白深义，只懂得表面文章，随便听了几个名词，就这么讲、那么说，结果不合佛教本来的意思。最普遍的，如“人生是苦”“出世间”“一切皆空”等名词，这些当然是佛说的，而且是佛教重要的理论，但一般人很少能正确理解它，现在分别来解说：

**（一）“人生是苦”**。佛指示我们，这个人生是苦的，不明白其中的真义的人，就生起错误的观念，觉得我们这个人生毫无意思，因而引起消极悲观，对于人生应该怎样努力向上就缺乏力量，这是一种被误解得最普遍的，社会一般每拿这消极悲观的名词来批评佛教，而信仰佛教的，也每陷于消极悲观的错误，其实“人生是苦”这句话，绝不是那样的意思。

凡是一种境界，我们接触的时候，生起一种不合自己意趣的感受，引起苦痛忧虑，如以这个意思来说苦，说人都是苦的，是不够的，为什么呢？因为人生也有很多快乐事情，听到不悦耳的声音固然讨厌，可是听了美妙的音调，不就欢喜了吗！身体有病，家境困苦，亲人别离，当言是痛苦的；然而身体健康，经济富裕，合家团圆，不是很快乐吗！无论什么事，苦乐都是相对的，假如遇到不如意的事，就说人生是苦，岂非偏见了？

那么，佛说人生是苦，这“苦”是什么意义呢？经上说：“无常故苦，”一切都无常，都会变化，佛就以无常变化的意思说人生都是苦的。譬如身体健康并不永久，会慢慢衰老病死，有钱的也不能永远保有，有时候也会变穷，权位势力也不会持久，最后还是会失掉。以变化无常的情形看来，虽有喜乐，但不永久，没有彻底，当变化时，苦痛就来了。所以佛说“人生是苦”，苦是有缺陷、不永久、没有彻底的意思。学佛的人，如不了解真义，以为人生既不圆满彻底，就引起消极悲观的态度，这是不对的。真正懂得佛法的，看法就完全不同，要知道佛说“人生是苦”这句话，是要我们知道现在这人生是不彻底、不永久的，知道以后可以造就一个永久圆满的人生。等于病人，必须先知道有病，才肯请医生诊治，病才会除去，身体就恢复健康一样。为什么人生不彻底、不永久而有苦痛呢？一定有苦痛的原因存在，知道了苦的原因，就会尽力把苦因消除，然后才可得到彻底圆满的安乐。所以佛不单单说人生是苦，还说苦有苦因，把苦因除了就可得到究竟安乐。学佛的应照佛所指示的方法去修学，把这不彻底不圆满的人生改变过来，成为一个究竟圆满的人生。这个境界，佛法叫作常乐我净。

常是永久，乐是安乐，我是自由自在，净是纯洁清净。四个字合起来，就是永久的安乐，永久的自由，永久的纯洁。佛教最大的目标，不单说破人生是苦，而主要在于将这苦的人生改变过来（佛法名为“转

依”），改造成为永久安乐、自由自在、纯洁清净的人生。指示我们苦的原因在哪里，怎样向这目标努力去修持。常乐我净的境地，即绝对的最有希望的理想境界，是我们人人都可达到的。这样怎能说佛教是消极悲观呢？

虽然，学佛的不一定能够人人都达到这顶点的境界，但知道了这个道理，真是好处无边。如一般人在困苦的时候，还知努力为善，等到富有起来，一切都忘记，只顾自己享福，糊糊涂涂走向错路。学佛的人，不只在困苦时知道努力向上，就是享乐时也随时留心，因为快乐不是永久可靠，不好好向善努力，很快会堕落失败的。人生是苦，可以警觉我们不至于专门研究享受而走向错误的路，这也是佛说“人生是苦”的一项重要意义。

**（二）“出世”**。佛法说有世间、出世间，可是很多人误会了，以为世间就是我们住的那个世界，出世间就是到另外什么地方去，这是错了，我们每个人在这个世界，就是出了家也在这个世界。得道的阿罗汉、菩萨、佛都是出世间的圣人，但都是在这个世界救渡我们，可见出世间的意思，并不是跑到另外一个地方去。

那么佛教所说的世间与出世间是什么意思呢？依中国向来所说，“世”有时间性的意思，如三十年为一世，西洋也有这个意思，叫一百年为一世纪。所以世的意思就是有时间性的，从过去到现在，现在到未来，在这一时间之内的叫“世间”。佛法也如此，可变化的叫“世”，在时间之中，从过去到现在，现在到未来，有到没有，好到坏，都是一直变化，变化中的一切，都叫“世间”。还有，“世”是蒙蔽的意思，一般人不明过去、现在、未来三世的因果，不知道从什么地方来，要怎样做人，死了要到哪里去，不知道人生的意义，宇宙的本性，糊糊涂涂在这三世因果当中，这就叫作“世间”。

怎样才叫“出世”呢？出是超过或胜过的意思，能修行佛法，有智慧，通达宇宙人生的真理，心里清净，没有烦恼，体验永恒真理就叫“出世”。佛菩萨都是在这个世界，但他们都是以无比智慧通达真理，心里清净，不像普通人一样。所以出世间这个名辞（同“名词”），是要我们修学佛法的人，进一步能做到人上之人，从凡夫做到圣人，并不是叫我们跑到另外一个世界去。不了解佛法出世的意义的人，误会佛教是逃避现实，因而引起不正当的批评。

**（三）“一切皆空”**。佛说一切皆空，有些人误会了，以为这样也空，那样也空，什么都空，什么都没有，横竖是没有，无意义，这才干坏事，好事也不做糊糊涂涂地看破一点，生活下去就好了。其实佛法之中“空”的意义，是有着最高的哲理，诸佛菩萨就是悟到空的真理者。空并不是什么都没有，反而是样样都有，世界是世界，人生是人生，苦是苦，乐是乐，一切都是现成的，佛法之中，明显地说到有邪有正、有善有恶、有因有果，要弃邪归正，离恶向善，做善得善果，修行成佛。如果说什么都没有，那我们何必要学佛呢？既然因果、善恶，凡夫圣人样样都有，佛为什么说一切皆空？空是什么意义呢？因缘和合而成，没有实在的不变体，叫空。邪正善恶人生，这一切都不是一成不变实在的东西，皆是依因缘的关系才有的，因为是从因缘而产生，所以依因缘的转化而转化，没有实体所以叫空。

举一个事实来说吧，譬如一个人对着一面镜子，就会有一个影子在镜里，怎会有那个影子呢？有镜有人还要借太阳或灯光才能看出影子，缺少一样便不成，所以影子是种种条件产生的，这不是一件实在的物体，虽然不是实体，但所看到的影子，是清清楚楚并非没有。一切皆空，就是依这个因缘所生的意义而说的，所以佛说一切皆空，同时即说一切因缘皆有，不但要体悟一切皆空，还要知道有因有果，有善有恶。学佛的，要从离恶行善、转迷启悟的学程中去证得空性，即空即有，二谛圆融。一般人以为佛法说空，等于什么都没有，是消极是悲观，这都是由于不了解佛法所引起的误会，非彻底纠正过来不可。

## 二、由佛教制度而来的误解

佛教是从印度传来的，制度方面有一点不同。我国旧有的地方，例如出家与素食，不明了、不习惯的人，对此引起许许多多的误会。

**（一）“出家”**。出家为印度佛教的制度，我国社会，特别是儒家对它误解最大。在国内，每听人说，大家学佛，世界上的人都没有了，为什么呢？大家都出家了，没有夫妇儿女，还成什么社会？这是严重的误会。我常比喻说：如教师们教学生，哪里教人人当教员去，成为教员的世界吗？这点在菲岛，不大会误会的，因为到处看得到的神父、修女，他们也是出家，但只是天主教徒中的少部分，并非信天主教的人，人人要当神父、修女。学佛的有出家弟子，有在家弟子，出家可以学佛，在家也可以学佛，出家可以修行了生死，在家也同样可以修行了生死，并不是学佛的人一定都要出家，绝不因大家学佛，就会毁灭人类社会。不过出家与在家，既然都可以修行了生死，为什么还要出家呢？因为要弘扬佛教、推动佛教，必须有少数人主持佛教。主持顶好是出家人，既没有家庭负担，又不做其他种种工作，可以一心一意修行，一心一意弘扬佛法。佛教要存在于这个世界，一定要有这种人来推动它，所以从来就有此出家的制度。

出家功德大吗？当然大，可是不能出家的，不必勉强，勉强出家有时不能如法，还不如在家，爬得高的，跌得更重，出家功德高大，但一不当心，堕落得更厉害。要能真切发心，勤苦修行为佛教牺牲自己，努力弘扬佛法，才不愧为出家人。出家人是佛教中的核心分子，是推动佛教的主体。不婚嫁，西洋宗教也有这样的制度。有许多科学家、哲学家，为了学业，守独身主义，不为家庭琐事所累，而去为科学、哲学努力。佛教出家制，也就是摆脱世界欲累，而专心一意地为佛法。所以出家是大丈夫的事，要特别的勤苦，如随便出家，出家而不为出家事，那非但没有利益，反而有碍佛教。有的人一学佛教就想出家，似乎学佛非出家不可，不但自己误会了，也把其他人都吓住而不敢来学佛。这种思想——学佛就要出家，要不得，应认识出家不易，先做一良好的在家居士为法修学，自利利他。如真能发大心，修出家行，献身佛教，再来出家，这样自己稳当，对社会也不会发生不良影响。

与出家有关，附带说到两点，有的人看到佛寺广大庄严，清净幽美，于是羡慕出家人，以为出家人住在里面，有施主来供养，无须做工，坐享清福。如流传的“日高三丈犹未起”“不及僧家半日闲”之类，就是此种谬说。不知道出家人有出家人的事情要勇猛精进，自己修行时“初夜后夜，精勤佛道”；对信徒说法，应该四处游化，出去宣扬真理，过着清苦的生活，为众生为佛教而努力，自利利他，非常难得，所为僧宝，哪里是什么事都不做，坐享现成，坐等施主们来供养，这大概是出家者多、能尽出家人责任者少，所以社会有此误会吧！

有些反对佛教的人，说出家人什么都不做，为寄生社会的消费者，好像一点用处都没有。不知人不一定要从事农、工、商的工作，当教员、新闻记者，以及其他自由职业，也能说是消费者吗？出家人不是没有事做，过着清苦生活而且勇猛精进，所做的事，除自利而外，导人向善，重德行、修持，使信众的人格一天一天提高，能修行了生死，使人生世界得到大利益，怎能说是不做事的寄生者呢？出家人是宗教师，可说是广义而崇高的教育工作者，所以不懂佛法的人说，出家人清闲，或说出家人寄生消费，都不对。真正出家并不如此，应该并不清闲而繁忙，不是消耗而能报施主之恩。

**（二）“吃素”**。我们中国佛教徒，特别重视素食，所以学佛的人，每以为学佛，就要吃素。还不能断肉食的，就会说：看看日本、锡兰、缅甸、泰国或者我国的西藏、蒙古的佛教徒，不要说在家信徒，连出家人也都是肉食的，你能说他们不学佛，不是佛教徒吗？不要误会学佛就得吃素，不能吃素就不能学佛，学佛与吃素并不是完全一致的，一般人看到有些学佛的，没有学到什么，只学会吃素，家庭里的父母兄弟儿女感到讨厌，以为素食太麻烦，其实学佛的人，应该这样：学佛后，先要了解佛教的道理，在家庭社会，依照佛理去做，使自己的德行好，心里清净，使家庭中其他的人，觉得你在没学佛以前贪心大，嗔心很重，缺乏责任心与慈爱心，学佛后一切都变了，贪心淡，嗔恚薄，对人慈爱，做事更负责，使人觉得学佛对家庭社会有好处，那时候要素食，家里的人不但不反对，反而生起同情心，渐渐跟你学，若一学佛就学吃素，不学别的，一定会产生障碍，引起讥嫌。

虽然学佛的人，不一定吃素，但吃素确是中国佛教良好的德行，值得提倡。佛教说素食可以养慈悲心，不忍杀害众生的命，不忍吃动物的血肉，不但减少杀生业障，而且对人类苦痛的同情心会增长。大乘佛法特别提倡素食，说素食对长养慈悲心有很大的功德。所以吃素而不能长养慈悲心，只是消极的戒杀，那还近于小乘呢！

以世间法来说，素食的利益极大，较经济，营养价值也高，可以减少病痛。现在世界上，有国际素食会的组织，无论何人，凡是喜欢素食都可以参加，可见素食是件好事，学佛的人更应该提倡，但必须注意的，就是不要把学佛的标准提得太高，认为学佛就非吃素不可。遇到学佛的人就会问：有吃素吗？为什么学佛这么久，还不吃素呢？这样把学佛与素食合一，对于弘扬佛法是有碍的。

## 三、由佛教仪式而来的误解

不了解佛教的人，到寺里去看见礼佛、念经、拜忏、早晚功课等等的仪式，不明白其中的真义，就说这些都是迷信。这里面问题很多，现在简单地说到下面几种：

**（一）“礼佛”**。入寺拜佛，拿香、花、灯烛来供佛，西洋神教徒，说我们是拜偶像，是迷信，其实佛是我们的教主，是人而进达究竟圆满的圣者，大菩萨们也是快要成佛的人，这是我们皈依处，是我们的领导者，尊重佛菩萨，当有所表示，好像恭敬父母必须有礼貌一样，佛在世的时候，没有问题，可以直接对其表示恭敬。可是现在释迦佛已入涅槃了，还有他方世界的佛菩萨，都不在我们这个世界，不得不用纸画、泥塑、木头、石块来雕刻他们的形象，作为恭敬礼拜的对象，因为这是表示佛菩萨的形象，我们才要恭敬礼拜他，并不因为他是纸、土、木、石。如我们敬爱我们的国家，要怎样表示尊敬呢？用颜色布做成国旗，当升旗的时候，恭恭敬敬向国旗行礼，我们能否说这是迷信的行为？天主教也有像，基督教虽没有神像，但也有十字架作为敬礼的对象，有的还跪下祷告，这与拜佛有何差别呢？说佛教礼佛为拜偶像，这是西洋神教徒对我们礼佛的意义不够理解。

至于香花灯烛呢？佛在世时，在印度是用这些东西来供养佛的，灯烛是表示光明，香花是表示芬香清洁。信佛礼佛，一方面用这些东西来供养佛以表示虔敬，一方面即表示从佛得到光明清净，并不是献花烧香，使佛闻得香味，点灯点烛，佛才能看到一切。西洋宗教，尤其是天主教，还不是用这些东西吗？这本是一般宗教的共同仪式。礼佛要恭敬虔诚，礼佛的时候，要观想为真正的佛。如果一面拜，一面想东想西，或者讲话，那是大不敬，失掉了礼佛的意义。

**（二）“礼忏”**。佛教徒礼忏诵经，异教徒，及非宗教者，也常常误以为迷信。不知道“忏”印度话叫忏摩，是自己做错了以后，承认自己错误的意思，因为一个人，在过去世以及现生中，谁都做过种种错事，犯有种种的罪恶，留下招引苦难、障碍修道解脱的业力，为了减轻及消除障碍修道和招引苦难的业力，所以在佛菩萨前、众僧前，承认自己的错误，以消除自己的业障。佛法有礼忏的法门，这等于耶教的悔改，在宗教的进修上是非常重要的。忏悔要自己忏，内心真切地忏，才合乎佛教的意思。

一般人不会忏悔要怎么办呢？古代祖师就编集忏悔的仪规，教我们一句一句念诵，口诵心思，也就是知道里面的意义，忏悔自己的罪业了，忏仪中教我们怎样礼佛，求佛菩萨慈悲加护，承认自己的错误，知道杀生、偷盗、邪淫等的不是，一心发愿改往修来，这些都是过去祖师们教我们忏悔的仪规（耶教也有耶稣示范的祷告文），但主要还是要从心里发出真切的悔改心。

有些人，连现成的仪规也不会念诵，就请出家人领导着念，慢慢地自己不知道忏悔，专门请出家人来为自己礼忏了，有的父母眷属去世了，为要藉三宝的恩威，来消除父母眷属的罪业，也请出家人来礼忏，以求亡者的超升，然而如不明佛法本意，为了铺排门面，为了民间风俗，只是费几个钱，请几个出家人来礼忏做功德，而自己或不信佛法，或者自己毫无忏悔恳切的诚意，那就失掉忏礼的意义了。

佛教到了后来，忏悔的意义模糊了。学佛的自己不忏，事无大小都请出家人，弄得出家人为了佛事忙，今天为这家礼忏，明天为那家做功德。有的寺院，天天以佛事为唯一事业，出家人主要事业，放弃不管，这难怪佛教要衰败了，所以忏悔主要是自己，如果自己真真切切的忏悔，甚至是一小时的忏悔，也超过请了许多人，做几天佛事的功德，了解这个道理，如对父母要尽儿女的孝心，那么为自己父母礼忏的功德很大。因为血脉相通，关系密切的缘故。不要把礼忏、做功德，当作出家人的职业，这不但毫无好处，只有增加世俗的毁谤与误会。

**（三）“课诵”**。学佛的人，在早晚诵经念佛，在佛教里面叫课诵。基督教早晚及饮食时候有祷告，天主教徒早晚也要诵经。这种宗教行仪，本来没有什么问题，不过为了这件事情，有几位问我，不学佛还好，一学佛问题就大了，我的母亲早上晚上一做功课，就要一两个钟头，如学佛的都这样，家里的事情简直没有办法推动了。在一部分的居士中间，确有这种情形，使人误会佛教为老年有闲人的佛教，非一般人所宜学。其实，早晚课诵，并不一定诵什么经，念什么佛，也不一定诵持多久，可以随心所欲依实际情形而定时间，主要的须称念三皈依，十愿也是重要的，日本从中国传去的佛教净土宗、天台宗、密宗等都各有自宗的功课，简要而不费多少时间，这还是唐、宋时代的佛教情况。我们中国近代的课诵，一、是丛林所用的，丛林住了几百人，集合一次就须费好长时间，为适应这种特殊环境所以课诵较长。二、元、明以来佛教趋向混合，于是编集的课诵仪规，具备各种内容，适合不同宗派的修学。其实在家居士，不一定要如此。从前印度大乘行人，每天六次行五悔法，时间短些不要紧，次数不妨增多，总之学佛，不只是念诵仪规，在家学佛，绝不可因功课繁长而影响家庭的工作。

**（四）“烧纸”**。古代中国祭祖时有焚帛风俗，烧一点绸缎给祖先享用。后来为了简省就改用纸来代替，到后代做成钱、元宝钞票，甚至于扎房子、汽车来焚化，这些都是古代传来的风俗习惯演变而成，不是佛教里面所有的。

这些事情，也有一点好处，就是做儿女的对父母表示一点孝意。自己饮食，想到父母祖先；自己住屋穿衣，想到祖先，不忘记父祖的恩德，有慎终追远的意义。佛教传来中国，适应中国，方便的与念经礼佛合在一起，但是在儒家“送死为大事”及“厚葬”的风气下，不免铺张浪费，烧得越多越好，这才引起近代人士的批评，而佛教也被认为迷信浪费了。佛教徒明白这个意义，最好不要烧纸箔等，佛教里并没有这些。

如果为了要纪念先人，象征地少烧一点，不要拿到寺庙里去烧，免得佛教为我们受罪。

**（五）“抽签，问卜扶乩”**。有些佛寺中，有抽签、问卜甚至有扶乩等举动，引起社会的讥嫌，指为迷信。其实纯正的佛教，不容许此种行为（有没有效验，是另外一件事）。真正学佛的，只相信因果。如果过去及现在做有恶业，绝不能用这些方法就可以趋吉避凶。修善得善果，做恶将来避不了恶报，要得到善的果报，就得多做有功德的事情。佛弟子只知道多做善事，一切事情，如法合理地做去，绝不使用投机取巧的下劣作风。这几样都与佛教无关，佛弟子真的信仰佛教，应绝对避免这些低级的宗教行为。

## 四、由于佛教现况而来的误解

一般中国人，不明了佛教，不明了佛教国际的情形，专以中国佛教的现况，随便批评佛教。下面便是常听到两种。

**（一）“信仰佛教的国家就会衰亡。”**他们以为印度是因信佛才亡国，他们要求中国富强，于是武断地认为不能信仰佛教，其实这是完全错误。研究过佛教历史的都知道，过去印度最强盛时代，便是佛教最兴盛时代，那时候，孔雀王朝的阿育王统一印度，把佛教传播到全世界。后来婆罗门教复兴，摧残佛教，印度也就日见纷乱。当印度为伊斯兰教及大英帝国灭亡时，佛教已经衰败甚至没有了。中国历史上也有这种实例。现在称华侨为唐人、中国为唐山，就可见到中国唐朝国势的强盛，那个时候，恰是佛教最兴盛的时代，唐武宗破坏佛教，也就是唐代衰落了。唐以后，宋太祖、太宗、真宗、仁宗都崇信佛教，也就是宋朝兴盛的时期。明太祖本身是出过家的，清太宗也非常信佛，不都是政治修明，国力隆盛的时代吗？日本现在虽然失败了，但在明治维新之后挤入世界强国之列，他们大都是信奉佛教的，信佛谁说能使国家衰弱？所以从历史看来国势强盛时代正是佛教兴盛的时代。为什么希望现代的中国富强，而反对提倡佛教呢？

**（二）“佛教对社会没有益处。”**近代中国人士，看到天主教、基督教办有学校医院等，而佛教少举办，就认为佛教是消极，不做有利于社会的事业，于社会无益，这是错误的论调，最多只能说，近代中国佛教徒不努力，不尽责，绝不是佛教要我们不做。过去的中国佛教，也办有慈善事业，现代的日本佛教徒，办大学、中学等很多，出家人也多有任大学与中学的校长与教授，慈善事业，也由寺院僧众来主办。特别是在锡兰、缅甸、泰国的佛教徒，都能与教育保持密切的关系，兼办慈善事业。所以不能说佛教不能给予社会以实利，而只能说中国佛教徒没有尽了佛弟子的责任，应该多从这方面努力，才会更合乎佛教救世的本意，使佛教发达起来。

中国一般人士，对佛教的误解还多得很，今天所说的，是比较普遍的，希望大家知道了这些意义，做一个有纯正信仰的佛教徒，至少也能够清除一下对佛教的误会，使纯正佛教的本意发扬出来。否则看起来信仰佛教极其虔诚，而实包含了种种错误，信得似是而非，这也难怪社会的讥嫌了。

附

# 附录

# 遗　嘱

## 一

### 壬申年六月下旬，上虞白马湖，致刘质平[1]

刘质平居士披阅：

余命终后，凡追悼会、建塔及其他纪念之事，皆不可做。因此种事，与余无益，反失福也。

倘欲做一事业与余为纪念者，乞将《四分律比丘戒相表记》印二千册。

以一千册交佛学书局［闸北新民路国庆路口（即居士林旁）］流通，每册经手流通费五分，此资即赠与书局。请书局于《半月刊》中登广告。

以五百册赠与上海北四川路底内山书店存贮，以

1　刘质平（1896—1978）：浙江海宁人。弘一法师弟子。著名音乐家。

后赠与日本诸居士。

以五百册分赠同人。

此书印资，请质平居士募集，并作跋语附印书后，仍由中华书局石印（乞与印刷主任徐曜堃居士接洽，一切照前式，唯装订改良）。

此书原稿，存在穆藕初居士处。乞托徐曜堃往借。

此书系为余出家以后最大之著作，故宜流通以为纪念也。

弘一书

## 二

### 壬午年九月，泉州温陵养老院，致沈彬翰[1]

彬翰居士文席：

前奉惠书，欣悉一一。朽人已于农历［九］月［初四］日谢世。前所发愿编辑之《南山律在家备览》，未能成就，至为歉然。唯曾别辑《资戒释相概略问答》

1 沈彬翰：江苏苏州人。时任上海佛学书局经理。

一卷，虽简略无足观，然亦可为最后之纪念也。附邮奉上，希受收。

谨陈，不宣。

音启

## 三

**壬午年九月，泉州温陵养老院，致夏丏尊**

丏尊居士文席：

朽人已于［九］月［初四］日迁化。曾赋二偈，附录于后：

君子之交，其淡如水。执象而求，咫尺千里。

问余何适，廓尔亡言。华枝春满，天心月圆。

谨达，不宣。

音启

## 四

**壬午年九月，泉州温陵养老院，致刘质平**

质平居士文席：

朽人已于［九］月［初四］日谢世。曾赋二偈，附录于后：

君子之交，其淡如水。执象而求，咫尺千里。

问余何适，廓尔亡言。华枝春满，天心月圆。

前所记月日，系依农历也。

谨达，不宣。

音启

# 诗　词

## 断句

人生犹似西山日，富贵终如草上霜。

## 咏山茶花

瑟瑟寒风剪剪催，几枝花发水云隈。

淡妆写出无双品，芳信传来第二回。

春色鲜鲜胜似锦，粉痕艳艳瘦于梅。

本来桃李羞同调，故向百花头上开。

## 清平乐

赠许幻园

城南小住，情适闲居赋。文采风流合倾慕，闭户著书自足。

阳春常驻山家，金樽酒进胡麻，篱畔菊花未老，岭头又放梅花。

## 和宋贞题城南草堂原韵

门外风花各自春，空中楼阁画中身。
而今得结烟霞侣，休管人生幻与真。

## 老少年曲

梧桐树，西风黄叶飘，日夕疏林杪。花事匆匆，零落凭谁吊。

朱颜镜里凋，白发愁边绕。一霎光阴底是催人老。有千金也难买韶华好。

## 戏赠蔡小香四绝

眉间愁语烛边情，素手掺掺一握盈。
艳福者般真羡煞，佳人个个唤先生。

云鬟蓬松粉薄施，看来西子捧心时。
自从一病恹恹后，瘦了春山几道眉。

轻减腰围比柳姿，刘桢平视故迟迟。
佯羞半吐丁香舌，一段浓芳是口脂。

愿将天上长生药，医尽人间短命花。

自是中郎精妙术，大名传遍沪江涯。

### 南浦月

将北行矣，留别海上同人。

杨柳无情，丝丝化作愁千缕。惺松如许，萦起心头绪。

谁道销魂，尽是无凭据。离亭外，一帆风雨，只有人归去。

### 夜泊塘沽

杜宇声声归去好，天涯何处无芳草。

春来春去奈愁何，流光一霎催人老。

新鬼故鬼鸣喧哗，野火磷磷树影遮。

月似解人离别苦，清光减作一钩斜。

### 遇风愁不成寐

到津次夜，大风怒吼，金铁皆鸣，愁不成寐。

世界鱼龙混，天心何不平？

岂因时事感，偏作怒号声。

烛尽难寻梦，春寒况五更。

马嘶残月堕，笳鼓万军营。

### 感时

杜宇啼残故国愁，虚名况感望千秋。

男儿若论收场好，不是将军也断头。

### 津门清明

一杯浊酒过清明，觞断樽前百感生。

辜负江南好风景，杏花时节在边城。

### 赠津中同人

千秋功罪公评在，我本红羊劫外身。

自分聪明原有限，羞将事后论旁人。

### 登轮感赋

感慨沧桑变，天边极目时。

晚帆轻似箭，落日大如箕。

风卷旌旗走，野平车马驰。

河山悲故国，不禁泪双垂。

## 西江月

宿塘沽旅馆

残漏惊人梦里，孤灯对影成双。前尘渺渺几思量，只道人归是谎。

谁说春宵苦短，算来竟比年长。海风吹起夜潮狂，怎把新愁吹涨？

## 舟泊燕台

澄澄一水碧琉璃，长鸣海鸟如儿啼。

晨日掩山白无色，□□□□青天低。

## 重游小兰亭口占

重游小兰亭，风景依稀，心绪殊恶，口占二十八字题壁。时九月望前一日也。

一夜西风蓦地寒，吹将黄叶上栏干。

春来秋去忙如许，未到晨钟梦已阑。

## 醉花阴

闺怨

落尽杨花红板路，无计留春住。独立玉阑干，欲诉离愁，生怕笼鹦鹉。

楼头又见斜阳暮，怎奈归期误。相忆梦难成，芳草天涯，极目人何处？

### 和冬青馆主题京伶瑶华画扇四绝

素心一瓣证前因，恻恻灵根渺渺神。

话到华年怨迟暮，美人香草哭灵均。

承平歌舞忆京华，紫陌青骢踏落花。

记得春风楼畔路，琵琶弹彻雁行斜。

鼙鼓渔阳感劫尘，莺花无复旧时春。

潇潇暮雨徐娘怨，忆否江南梦里人？

长安子弟叹飘零，曾向红羊劫里经。

莫问开元太平曲，伤心回首旧门庭。

### 照红词客介香梦词人属题采菊图，为赋二十八字

田园十亩老烟霞，水绕篱边菊影斜。

独有闲情旧词客，春花不惜惜秋花。

## 冬夜客感

纸窗吹破夜来风，砭骨寒添漏未终。
云掩月殲光惨白，帘飘烛影焰摇红。
无心难定去留计，有泪常抛梦寐中。
烦恼自寻休自怨，待将情事诉归鸿。

## 为沪学会撰文野婚姻新戏册既竟系之以诗

床笫之私健者耻，为气任侠有奇女。
鼠子胆裂国魂号，断头台上血花紫。
东邻有儿背佝偻，西邻有女犹含羞。
蟪蛄宁识春与秋，金莲鞋子玉搔头。
河南河北间桃李，点点落红已盈咫。
自由花开八千春，是真自由能不死。
誓度众生成佛果，为现歌台说法身。
孟旃不作吾道绝，中原滚地皆胡尘。

## 二月望日歌筵赋此叠韵

莽莽风尘窣地遮，乱头粗服走天涯。
樽前丝竹销魂曲，眼底欢嬉薄命花。

浊世半生人渐老，中原一发日西斜。
只今多少兴亡感，不独隋堤有暮鸦。

## 赠谢秋云

风风雨雨忆前尘，悔煞欢场色相因。
十日黄花愁见影，一弯眉月懒窥人。
冰蚕丝尽心先死，故国天寒梦不春。
眼界大千皆泪海，为谁惆怅为谁颦？

## 金缕曲

赠歌郎金娃娃

秋老江南矣，忒匆匆。喜余梦影，樽前眉底。陶写中年丝竹耳，走马胭脂队里。怎到眼都成余子？片玉昆山神朗朗，紫樱桃，慢把红情系。愁万斛，来收起。

泥他粉墨登场地。领略那英雄气宇，秋娘情味。雏凤声清清几许？销尽填胸荡气，笑我亦布衣而已。奔走天涯无一事，问何如声色将情寄？休怒骂，且游戏。

## 赠语心楼主人

天末斜阳淡不红，虾蟆陵下几秋风。
将军已死圆圆老，都在书生倦眼中。
道左朱门谁痛哭？庭前枯木已成围。
只今憔悴江南日，不似当年金缕衣。

## 菩萨蛮

忆杨翠喜

燕支山上花如雪，燕支山下人如月。额发翠云铺，眉弯淡欲无。夕阳微雨后，叶底秋痕瘦。生小怕言愁，言愁不耐羞。

晓风无力垂杨懒，情长忘却游丝短。酒醒月痕低，江南杜宇啼。痴魂销一捻，愿化穿花蝶。帘外隔花阴，朝朝香梦沉。

## 为老妓高翠娥作

残山剩水可怜宵，慢把琴樽慰寂寥。
顿老琵琶妥娘曲，红楼暮雨梦南朝。

## 喝火令

故国今谁主

故国今谁主？胡天月已西。朝朝暮暮笑迷迷，记否天津桥上杜鹃啼？记否杜鹃声里几色顺民旗？

## 金缕曲

将之日本，留别祖国，并呈同学诸子。

披发佯狂走。莽中原，暮鸦啼彻，几株衰柳。破碎河山谁收拾？零落西风依旧。便惹得离人消瘦。行矣临流重太息，说相思，刻骨双红豆。愁黯黯，浓于酒。

漾情不断淞波溜。恨年来絮飘萍泊，遮难回首。二十文章惊海内，毕竟空谈何有？听匣底苍龙狂吼。长夜凄风眠不得，度群生那惜心肝剖。是祖国，忍孤负！

## 题自作山茶花小幅

回阑欲转，低弄双翘红晕浅。

记得儿家，记得山茶一树花。

## 东京十大名士追荐会即席赋诗

苍茫独立欲无言，落日昏昏虎豹蹲。
剩却穷途两行泪，且来瀛海吊诗魂。

故国荒凉剧可哀，千年旧学半尘埃。
沉沉风雨鸡鸣夜，可有男儿奋袂来？

## 朝游不忍池

凤泊鸾飘有所思，出门怅惘欲何之？
晓星三五明到眼，残月一痕纤似眉。
秋草黄枯菡萏国，紫薇红湿水仙祠。
小桥独立了无语，瞥见林梢升曙曦。

## 喝火令

哀国民之心死也

故国鸣鹎鹖，垂杨有暮鸦。江山如画日西斜。新月撩人，透入碧窗纱。

陌上青青草，楼头艳艳花。洛阳儿女学琵琶。不管冬青一树属谁家，不管冬青树底影事一些些。

## 高阳台

忆金娃娃

十日沉愁，一声杜宇，相思啼上花梢。春隔天涯，剧怜别梦迢遥。前溪芳草经年绿，只风情，孤负良宵。最难抛，门巷依依，暮雨潇潇。

而今未改双眉妩，只江南春老，红了樱桃。忒煞迷离，匆匆已过花朝。游丝苦挽行人驻，奈东风，冷到溪桥。镇无聊，记取离愁，吹彻琼箫。

## 醉时

醉时歌哭醒时迷，甚矣吾衰慨凤兮。
帝子祠前芳草绿，天津桥上杜鹃啼。
空梁落月窥华发，无主行人唱大堤。
梦里家山渺何处，沉沉风雨暮天西。

## 春风

春风几日落红堆，明镜明朝白发摧。
一颗头颅一杯酒，南山猿鹤北山莱。
秋娘颜色娇欲语，小雅文章凄以哀。
昨夜梦游王母国，夕阳如血染楼台。

## 昨夜

昨夜星辰人倚楼，中原咫尺山河浮。
沉沉万绿寂不语，梨花一枝红小秋。

## 人病

人病墨池干，南风六月寒。
肺枯红叶落，身瘦白衣宽。
入世儿侪笑，当门景色阑。
昨宵梦王母，猛忆少年欢。

## 隋堤柳

甚西风吹醒隋堤衰柳，江山非旧，只风景依稀，凄凉时候。零星旧梦半沉浮，说阅尽兴亡，遮难回首。昔日珠帘锦幕，有淡烟一抹，纤月盈钩。

剩水残山故国秋。知否，知否，眼底离离麦秀。说甚无情，情思踠到心头。杜鹃啼血哭神州，海棠有泪伤秋瘦，深愁浅愁难消受，谁家庭院笙歌又？

## 初梦

鸡犬无声天地死，风景不殊山河非。

妙莲花开大尺五，弥勒松高腰十围。

恩仇恩仇若相忘，翠羽明珠绣裲裆。

隔断红尘三万里，先生自号水仙王。

## 帘衣

帘衣一桁晚风轻，艳艳银灯到眼明。

薄幸吴儿心木石，红衫娘子唤花名。

秋于凉雨燕支瘦，春入离弦断续声。

后日相思渺何许？芙蓉开老石家城。

## 满江红

民国肇造志感

皎皎昆仑，山顶月、有人长啸。看囊底、宝刀如雪，恩仇多少。双手裂开鼷鼠胆，寸金铸出民权脑。算此生不负是男儿，头颅好。

荆轲墓，咸阳道。聂政死，尸骸暴。尽大江东去，余情还绕。魂魄化成精卫鸟，血花溅作红心草。看从今，一担好山河，英雄造。

## 题丁慕琴绘黛玉葬花图

收拾残红意自勤，携锄替筑百花坟。

玉钩斜畔隋家冢，一样千秋冷夕曛。

飘零何事怨春归，九十韶光花自飞。

寄语芳魂莫惆怅，美人香草好相依。

## 咏菊

姹紫嫣红不耐霜，繁华一霎过韶光。

生来未借东风力，老去能添晚节香。

风里柔条频损绿，花中正色自含黄。

莫言冷淡无知己，曾有渊明为举觞。

## 玉连环影

为夏丏尊题《小梅花屋图》

屋老，一树梅花小。住个诗人，添个新诗料。爱清闲，爱天然；城外西湖，湖上有青山。

## 题梦仙花卉横幅

人生如梦耳，哀乐到心头。

洒剩两行泪，吟成一夕秋。

慈云渺天末，明月下南楼。
寿世无长物，丹青片羽留。

## 题胜月吟剩

莽莽神州里，斯文孰起衰。
沧江明月夜，何幸读君诗。

## 题罗阳选胜录

惯携蜡屐踏烟潭，绝妙诗情尽里参。
浊世谁知山水乐，况添高咏继环庵。

## 题陈师曾荷花小幅

一花一叶，孤芳至洁。
昏波不染，成就慧业。

## 贻王海帆先生

文字聊交谊，相逢有宿缘。
社盟称后学，科第亦同年。
抚碣伤禾黍，怡情醉管弦。
西湖风月好，不慕赤松仙。

## 净峰种菊临别口占

我到为植种，我行花未开。

岂无佳色在？留待后人来。

## 为红菊花说偈

亭亭菊一枝，高标矗劲节。

云何色殷红？殉教应流血。

## 《滑稽列传》题词四绝

淳于髡

斗酒亦醉石亦醉，到心惟作平等观。

此中消息有盈朒，春梦一觉秋风寒。

优孟

中原一士多奇姿，纵横宇合卑莎维。

人言毕肖在须眉，茫茫心事畴谁知。

优旃

嬰武伺人工趣语，杜鹃望帝凄春心。

太平歌舞且抛却，来向神州忾陆沉。

东方朔

南山豆苗肥复肥，北山猿鹤飞复飞。

我欲蹈海乘风归，琼楼高处斜阳微。

## 轮中枕上闻歌口占

子夜新声碧玉环，可怜肠断念家山。
劝君莫把愁颜破，西望长安人未还。

## 书愤

文采风流四座倾，眼中竖子遂成名！
某山某水留奇迹，一草一花是爱根。
休矣著书俟赤鸟，悄然挥扇避青蝇。
众生何用干霄哭，隐隐朝廷有笑声。

## 口占赠李苹香

子女平分二十周，那堪更作狭邪游。
只因第一伤心事，红粉英雄不自由！

# 歌　词

## 我的国

东海东，波涛万丈红。朝日丽天，云霞齐捧，五洲唯我中央中。二十世纪谁称雄？请看赫赫神明种。我的国，我的国，我的国万岁，万岁万万岁！

昆仑峰，缥缈千寻耸。明月天心，众星环拱，五洲唯我中央中。二十世纪谁称雄？请看赫赫神明种。我的国，我的国，我的国万岁，万岁万万岁！

## 哀祖国

小雅尽废兮，出车采薇矣。豺狼当途兮，人类其非矣。凤鸟兮，河图兮，梦想为劳矣。冉冉老将至兮，甚矣吾衰矣。

## 爱

爱河万年终不涸，来无源头去无谷。滔滔圣贤与英雄，天地毁时无终穷。

愿我爱国家，愿国家爱我；愿国家爱我，灵魂不死者我。

## 化身

化身恒河沙数，发大音声。尔时千佛出世，瑞霭氤氲。欢喜欢喜人天，梦醒兮不知年。翻倒四大海水，众生皆仙。

## 男儿

男儿自有千古，莫等闲觑。孔佛耶回精谊，道毋陂岐。发大愿作教皇，我当炉冶群贤。功被星球十方，赞无数年。

## 婚姻祝辞

《诗》三百，《关雎》第一，伦理重婚姻。夫妇制定家族成，进化首人群。

天演界，雌雄淘汰，权力要平分。遮莫说男尊女卑，同是一般国民。

## 追悼李节母之哀辞

松柏兮翠蕤，凉风生德闱。母胡弃儿辈，长逝竟不归！

儿寒复谁恤？儿饥复谁思？哀哀复哀哀，魂兮归乎来！

## 春郊赛跑

跑！跑！跑！看是谁先到？杨柳青青，桃花带笑；万物皆春，男儿年少。跑！跑！跑！跑！跑！锦标夺得了！

## 大中华

万岁！万岁！万岁！赤县膏腴神明裔。地大物博，相生相养，建国五千余岁。振衣昆仑之巅，濯足扶桑之澨。山川灵秀所钟，人物光荣永垂。猗欤哉！伟欤哉！仁风翔九畿！猗欤哉！伟欤哉！威灵振四夷！万岁！万万岁！万万岁！

## 春游

春风吹面薄于纱，春人妆束淡于画。游春人在画中行，万花飞舞春人下。梨花淡白菜花黄，柳花委地芥花香。莺啼陌上人归去，花外疏钟送夕阳。

## 忆儿时

春去秋来，岁月如流，游子伤漂泊。回忆儿时，家居嬉戏，光景宛如昨。茅屋三椽，老梅一树，树底迷藏捉。高枝啼鸟，小川游鱼，曾把闲情托。儿时欢乐，斯乐不可作。儿时欢乐，斯乐不可作。

## 早秋

十里明湖一叶舟，城南烟月水西楼。几许秋容娇欲流，隔着垂杨柳。

远山明净眉尖瘦，闲云飘忽罗纹绉。天末凉风送早秋，秋花点点头。

## 悲秋

西风乍起黄叶飘，日夕疏林杪。花事匆匆，梦影迢迢，零落凭谁吊？镜里朱颜，愁边白发，光阴暗催人老。纵有千金，纵有千金，千金难买年少。

## 月夜

纤云四卷银河净，梧叶萧疏摇月影。剪径凉风阵阵紧，暮鸦栖止未定。万里空明人意静。呀！是何处，敲彻玉磬，一声声清越度幽岭。呀！是何处，声相酬应，是孤雁寒砧并。想此时此际幽人应独醒，倚栏风冷。

## 秋夜（之一）

日落西山，一片罗云隐去。万种情怀，安排何处？却妆出嫦娥，玉宇琼楼缓步。天高气清，满庭风露。问耿耿银河，有谁引渡？四壁凉蛩，如来相语。尽遣了闲愁，聊共月华小住。如此良宵，人生难遇！

寒蝉吟罢，蓦然萤火飞流。夜凉如水，月挂帘钩。爱星河皎洁，今宵雨敛云收。虫吟侑酒，扫尽闲愁。听一枝长笛，有谁人倚楼？天涯万里，情思悠悠。好安排枕簟，独寻睡乡优游。金风飒飒，底事悲秋？

## 秋夜（之二）

眉月一弯夜三更，画屏深处宝鸭篆烟青。唧唧唧唧，唧唧唧唧，秋虫绕砌鸣。小簟凉多睡味清。

## 直隶省立第一师范附属小学校歌

文昌在天，文明之光。地灵人杰，效师长；初学根本，实切强；精神腾跃，成文章。君不见，七十二沽水源远流长。

## 梦

哀游子茕茕其无依兮，在天之涯。惟长夜漫漫而独寐兮，时恍惚以魂驰。梦偃卧摇篮以啼笑兮，似婴儿时。母食我甘饴与粉饵兮，父衣我以彩衣。

哀游子怆怆而自怜兮，吊形影悲。惟长夜漫漫而独寐兮，时恍惚以魂驰。梦挥泪出门辞父母兮，叹生别离。父语我眠食宜珍重兮，母语我以早归。

月落乌啼，梦影依稀，往事知不知？汩半生哀乐之长逝兮，感亲之恩其永垂。

## 长逝

看今朝树色青青，奈明朝落叶凋零。看今朝花开灼灼，奈明朝落红漂泊。惟春与秋其代序兮，感岁月之不居。老冉冉以将至，伤青春其长逝。

## 春夜

金谷园中，黄昏人静。一轮明月，恰上花梢。月圆花好，如此良宵，莫把这似水光阴空过了。

英雄安在？荒冢萧萧。你试看他青史功名，你试看他朱门锦绣，繁华如梦，满目蓬蒿！天地逆旅，光阴过客，无聊！

倒不如，闲非闲是尽去抛，逍遥！倒不如，花前月下且游遨，将金樽倒。海棠睡去，把红烛烧；荼蘼开未，把羯鼓敲。莫教天上嫦娥，将人笑！

## 莺

喜春来日暖风和，园林花放新莺啼。喜春来日暖风和，园林花放新莺啼。听花间清音百啭：呖呖，呖呖。听花间清音百啭：呖呖，呖呖，呖呖；呖呖，呖呖，呖呖，呖呖。

## 采莲

采莲复采莲，莲花莲叶何蹁跹！

露华如珠月如水，十五十六清光圆。

采莲复采莲，莲花莲叶何蹁跹！

## 冬

一帘月影黄昏后，疏林掩映梅花瘦。墙角嫣红点点肥，山茶开几枝？

小阁明窗好伴侣，水仙凌波淡无语。岭头不改青葱葱，犹有后凋松。

## 西湖

看明湖一碧，六桥锁烟水。塔影参差，有画船自来去。垂杨柳两行，绿染长堤。飏晴风，又笛韵悠扬起。

看青山四围，高峰南北齐。山色自空濛，有竹木媚幽姿。探古洞烟霞，翠扑须眉。雪暮雨，又钟声林外启。

大好湖山美如此，独擅天然美。明湖碧无际，又青山绿作堆。漾晴光潋滟，带雨色幽奇。靓妆比西子，尽浓淡总相宜。

## 丰年

五日一风，十日一雨，太平乐利赓多黍。谷我妇子，娱我黄耇，欢腾熙洽歌大有。年丰国昌，惟天降德垂嘉祥。穰穰，穰穰，穰穰！岁复岁兮富康。

我仓既盈，我庾惟亿，颂声载路庆丰给。万宝告成，万物生茂，跻堂称觞介眉寿。年丰国昌，惟天降德垂嘉祥。穰穰，穰穰，穰穰！岁复岁兮富康。

## 人与自然界

严冬风雪擢贞干，逢春依旧郁苍苍。吾人心志宜坚强，历尽艰辛不磨灭，惟天降福俾尔昌。

浮云掩星星无光，云开光彩逾芒芒。吾人心志宜坚强，历尽艰辛不磨灭，惟天降福俾尔昌。

## 归燕

几日东风过寒食，秋来花事已阑珊。疏林寂寂双燕飞，低徊软语语呢喃。呢喃，呢喃，雕梁春去梦如烟，绿芜庭院罢歌弦。乌衣门巷捐秋扇，树杪斜阳淡欲眠。天涯芳草离亭晚，不如归去归故山，故山隐约苍漫漫。呢喃，呢喃，不如归去归故山。

## 幽居

唯空谷寂寂，有幽人抱贞独。时逍遥以徜徉，在山之麓。抚磐石以为床，翳长林以为屋。眇万物以达观，可以养足。

唯清溪沉沉，有幽人怀灵芬。时逍遥以徜徉，在水之滨。扬素波以濯足，临清流以低吟。睇天宇之寥廓，可以养真。

## 幽人

深山之麓，三椽老茅屋，中有幽人抱贞独。当风且振衣，临流可濯足。放高歌震空谷：呜，呜，呜，呜，呜，呜！浊世泥途污，浊世泥途污。道孤，道孤；行殊，行殊。吾与天为徒，吾与天为徒。

## 天风

云滃滃，云滃滃，拥高峰。气葱葱，气葱葱，极巃嵸。苍耸耸，苍耸耸，凌绝顶，侧足缥缈乘天风。咳唾生明珠，吐气嘘长虹。俯视培塿之垒垒，烟斑黛影半昏蒙。仰观寥廓之明明，天风回碧空。

漭洋洋，漭洋洋，浮巨溟。纷蒙蒙，纷蒙蒙，接苍穹。浪汹汹，浪汹汹，攒铓锋。扬泄汗漫乘天风。散发粲云霞，长啸惊蛟龙。俯视积流之茫茫，百川四渎齐朝宗。仰观寥廓之明明，天风回碧空。

天风荡吾心魄兮，绝于尘埃之外游神太虚。

天风振吾衣袂兮，超乎万物之表与世长遗。

## 落花

纷，纷，纷，纷，纷，纷，……惟落花委地无言兮，化作泥尘。

寂，寂，寂，寂，寂，寂，……何春光长逝不归兮，永绝消息。

忆春风之日暄，芳菲菲以争妍。既垂荣以发秀，倏节易而时迁，春残。览落红之辞枝兮，伤花事其阑珊，已矣！

春秋其代序以递嬗兮，俯念迟暮。荣枯不须臾，盛衰有常数！人生之浮华若朝露兮，泉壤兴衰。朱华易消歇，青春不再来。

## 朝阳

观朝阳耀灵东方兮，灿庄严伟大之荣光。彼长眠之空暗暗兮，流绛彩以辉煌。

观朝阳耀灵东方兮，灿庄严伟大之荣光。彼瞑想之海沉沉兮，荡金波以飞扬。

惟神，惟神，惟神！创造世界，创造万物，赐予光明，赐予幸福无疆。观朝阳耀灵东方兮，感神恩之久长。

## 月

仰碧空明明，朗月悬太清。瞰下界扰扰，尘欲迷中道！惟愿灵光普万方，荡涤垢滓扬芬芳。虚渺无极，圣洁神秘，灵光常仰望！

仰碧空明明，朗月悬太清。瞰下界暗暗，世路多愁叹！惟愿灵光普万方，拔除痛苦散清凉。虚渺无极，圣洁神秘，灵光常仰望！

## 晚钟

大地沉沉落日眠，平墟漠漠晚烟残。幽鸟不鸣暮色起，万籁俱寂丛林寒。浩荡飘风起天杪，摇曳钟声出尘表。绵绵灵响彻心弦，眑眑幽思凝冥杳。众生病苦谁扶持？尘网颠倒泥涂污。惟神悯恤敷大德，拯吾罪过成正觉。誓心稽首永皈依，暝暝入定陈虔祈。倏忽光明烛太虚，云端仿佛天门破。庄严七宝迷氤氲，瑶华翠羽垂缤纷。浴灵光兮朝圣真，拜手承神恩！仰天衢兮瞻慈云，忽现忽若隐隐。钟声沉暮天，神恩永存在。神之恩，大无外！

## 送别

长亭外，古道边，芳草碧连天。晚风拂柳笛声残，夕阳山外山。

天之涯，地之角，知交半零落。一觚浊酒尽余欢，今宵别梦寒。

## 清凉

清凉月，月到天心，光明殊皎洁。今唱清凉歌，心地光明一笑呵。

清凉风，凉风解愠，暑气已无踪。今唱清凉歌，热恼消除万物和。清凉水，清水一渠，涤荡诸污秽。今唱清凉歌，身心无垢乐如何。

清凉，清凉，无上究竟真常。

## 山色

近观山色苍然青，其色如蓝。远观山色郁然翠，如蓝成靛。山色非变，山色如故，目力有长短。自近渐远，易青为翠；自远渐近，易翠为青。时常更换，是由缘会。幻相现前，非唯翠幻，而青亦幻。是幻，是幻，万法皆然。

## 花香

庭中百合花开。昼有香，香淡如；入夜来，香乃烈。鼻观是一，何以昼夜浓淡有殊别？白昼众喧动，纷纷俗务萦。目视色，耳听声，鼻观之力，分于耳目丧其灵。心清闻妙香，“用志不分，乃凝于神。”古训好参详。

## 世梦

却来观世间，犹如梦中事。人生自少而壮，自壮而老，自老而死。俄入胞胎，俄出胞胎，又入又出无穷已。生不知来，死不知去，蒙蒙然，冥冥然，千生万劫不自知，非真梦欤？枕上片时春梦中，行尽江南数千里。今贪名利，梯山航海，岂必枕上尔！庄生梦蝴蝶，孔子梦周公，梦时固是梦，醒来何非梦？扩大劫来，一时一刻皆梦中。破尽无明，大觉能仁，如是乃为梦醒汉，如是乃名无上尊。

## 观心

世间学问，义理浅，头绪多，似易而反难。出世学问，义理深，线索一，虽难而似易。线索为何？现前一念，心性应寻觅。试观心性：在内欤，在外欤，在中间欤？过去欤，现在欤，或未来欤？长短、方圆欤，赤白、青黄欤？觅心了不可得，便悟自性真常。是应直下信入，未可错下承当。试观心性：内外、中间，过去、现在、未来，长短、方圆，赤白、青黄。

## 厦门市第一届运动大会会歌

禾山苍苍，鹭水荡荡，国旗遍飘扬。健儿身手，各献所长，大家图自强。你看那，外来敌，多么猖獗！请大家想想，请大家想想，切勿再彷徨！请大家，在领袖领导之下，把国事担当。到那时，饮黄龙，为民族争光！到那时，饮黄龙，为民族争光！

# 李叔同年谱

**1880年（庚辰　清光绪六年）** 一岁

10月23日（农历九月二十日）生于天津粮店后街陆家树胡同2号，籍贯浙江平潮。幼名成蹊，学名文涛，字叔同，又号漱筒。父名世珍，号筱楼，清同治四年进士，官吏部主事，后引退持家，经营盐业和银钱业，乐善好施，有“李善人”之称。叔同行三，系侧室王氏所生。

**1884年（甲申　光绪十年）** 五岁

9月23日（农历八月初五日），父筱楼病故，卒年七十二岁，从母王氏诵名诗格言。

**1885年（乙酉　光绪十一年）** 六岁

从仲兄文熙（字桐冈，号敬甫，长叔同十二岁）受启蒙教育。

**1886年（丙戌　光绪十二年）** 七岁

日课《百孝图》《返性篇》《格言联璧》《文选》等。

**1887年（丁亥 光绪十三年）** 八岁

从乳母刘氏习诵《名贤集》。又从常云庄受业，读《孝经》《毛诗》等，此后又读过《唐诗》《千家诗》《四书》《古文观止》《尔雅》《说文解字》等。十三岁学篆，十五岁有“人生犹似西山日，富贵终如草上霜”等诗句吟诵。

**1896年（丙申 光绪二十二年）** 十七岁

从天津名士赵幼梅学诗词，喜读唐五代作品，尤爱王维。兼习辞赋、八股。又从唐静岩学篆隶刻石。唐静岩书钟鼎篆隶各一小册，李叔同为其刊行，并题签，署名“当湖李成蹊。”是年天津有减各书院奖赏银归洋务书院之议，叔同以为“照此情形，文章虽好，亦不足制胜”，遂请人教算术、外文。与天津名士时有交游，爱好戏剧。

**1897年（丁酉 光绪二十三年）** 十八岁

与天津俞氏结婚。俞氏长叔同两岁。以童生资格应天津县儒学考试，学名李文涛。有子（乳名葫芦），早年夭折。

**1898年（戊戌 光绪二十四年）** 十九岁

是年清光绪采纳康梁维新主张，下诏定国是。叔同赞同康梁变法主张，慨叹："老大中华，非变法无以自存。"相传自刻"南海康君是吾师"印以明志。

是年奉母携眷迁居上海，赁居法租界卜邻里。加入"城南文社"，所作诗文，为同人之冠。刊《李叔同先生印存》一书，收作品一百三十九方。

**1899年（己亥 光绪二十五年）** 二十岁

"城南文社"许幻园慕其才，让出许家城南草堂一部分，叔同全家遂迁入。是年与袁希濂、许幻园、蔡小香、张小楼结为"金兰之谊"，号称"天涯五友"，曾合影留念。

是年得清纪晓岚所藏"汉甘林瓦砚"，便广征名士题辞，有《汉甘林瓦砚题辞》二卷。

**1900年（庚子 光绪二十六年）** 二十一岁

正月，作《二十自述诗序》。春，与书画名家组织上海书画公会，任伯年、朱梦庐等皆为会员，每周出书画报纸。

11月10日（农历九月十九日），子李准生，作《老少年曲》自勉。

相继刊《佣李庐印谱》《李庐诗钟》。出版《诗钟汇编初集》，内题"当湖惜霜仙史编辑"。

**1901年（辛丑 光绪二十七年）** 二十二岁

春，曾回天津，拟赴河南探视其兄，后因道路受阻作罢。居津半月，回上海。后写成《辛丑北征泪墨》于5月在上海出版，所记多为此行往返见闻和感受。代表作有《南满月》《夜泊塘沽》《遇风愁不成寐》等。表达了对国土沦丧的悲愤之情。

秋，入上海南洋公学特班，受业于蔡元培。

**1902年（壬寅 光绪二十八年）** 二十三岁

各省补行庚子、辛丑恩正并科乡试。叔同以平湖县监生资格，报名应考，未中，仍回南洋公学。

**1903年（癸卯 光绪二十九年）** 二十四岁

与尤惜阴居士同任上海圣约翰大学国文教授。不久去职。

翻译出版《法学门径书》《国际私法》。

**1904年（甲辰 光绪三十年）** 二十五岁

常与歌郎、艺妓等艺事往还。在上海实践戏剧，粉墨登场，票演京剧。

是年进步青年在上海组织“沪学会”，提倡尚武精神，宣传移风易俗。叔同亦参与其事。

**12月9日（农历十一月初三日）**子李端生。

**1905年（乙巳 光绪三十一年）** 二十六岁

为沪学会作《祖国歌》《文野婚姻新戏册》等。出版《国学唱歌集》。

3月10日（农历二月初五日），母王氏病逝。叔同携妻扶柩回津。首倡丧礼改革。秋，东渡日本留学。

留日学生高天梅主编《醒狮》杂志，李叔同为之设计封面，并撰稿。

**1906年（丙午 光绪三十二年）** 二十七岁

独立创办《音乐小杂志》，并于2月8日在东京印刷，5天后寄回上海发行。此乃中国第一份音乐杂志。

有《春风》《前尘》《风兮》《朝游不忍池》等诗发表于日本汉诗创作团体“随鸥吟社”刊物《随鸥集》中，并时常与日本汉诗人交游。

9月入东京美术学校油画科。同时又于校外从上真行勇学音乐戏剧。初名李哀，后改名为李岸。冬，与学友一起创办“春柳社”，此乃中国第一个话剧团体。是年曾回天津。

**1907年（丁未 光绪三十三年）** 二十八岁

2月，“春柳社”为国内徐淮水灾赈灾义演《茶花女遗事》，李叔同自扮茶花女玛格丽特。此为中国话剧演出实践之第一。

“春柳社”于7月10日、11日（农历六月初一日、初二日）又一次公演《黑奴吁天录》，叔同扮演爱美柳夫人，同时客串男跛醉客。

**1911年（辛亥 清宣统二年）** 三十二岁

3月以优异的成绩毕业于东京美术学校，毕业前曾作自画像一幅。归国，曾任天津直隶模范工业学堂等校图画教师。

是年，李家遭变家道中落。

**1912年（壬子 民国元年）** 三十三岁

春，抵上海，任教于城东女学，授文学、音乐课。

加入“南社”，参加南社第六次雅集。为《南社通讯录》设计封面并题签。

陈其美创办《太平洋报》，在朱少屏的邀请下，叔同任画报副刊主编，兼管广告。

与柳亚子等创办“文美会”，主编《文美杂志》。

辛亥革命成功，李叔同填词《满江红》，“看从今，一担好山河，英雄造”以抒胸意臆。

秋，任浙江省两级师范学校图画、音乐教师。

**1913年（癸丑 民国二年）** 三十四岁

是年浙江省两级师范学校改名为浙江省立第一师范学校。编《白阳》杂志,《春游》三声部合唱曲、《欧洲文学之概观》《西洋乐器种类概说》《石膏模型用法》等作品均署名息霜载于是刊，其中《春游》是中国第一部三声部合唱曲;《欧洲文学之概观》是第一篇由中国人编写的欧洲文学史;《石膏模型用法》是国内最早介绍这种教具的文字。

5月，为好友夏丏尊二十八岁生日，摹汉长寿钩钩铭，并写题记，署名为“当湖老人息翁”。

**1914年（甲寅 民国三年）** 三十五岁

是年加入西泠印社，课余集合经亨颐、夏丏尊等友生组织成立“乐石社”，从事金石研究与创作，叔同被选为第一任社长。

**1915年（乙卯 民国四年）** 三十六岁

仍在浙江省立第一师范学校任教，同时应聘任南京高等师范学校图画音乐课，在南京组织“宁社”，倡导书画艺术。

6月，撰《乐石社社友小传》，并作《乐石社记》，自署当湖人。

在任教期间作歌颇多，代表作有《送别》《早秋》

《忆儿时》《悲秋》《月夜》《秋夜》等。

是年夏，曾赴日本避暑。

**1916年（丙辰 民国五年）** 三十七岁

同事夏丏尊偶见日本杂志有关于断食的文章，遂介绍叔同阅读，即决心一试。于年底入虎跑寺断食十八天，有《断食日志》详记之。

**1917年（丁巳 民国六年）** 三十八岁

是年下半年起，发心食素，并请《普贤行愿品》《楞严经》及《大乘起信论》等多种佛经研读。

**1918年（戊午 民国七年）** 三十九岁

正月间，赴虎跑寺习静，正月十五日受三皈依，拜了悟和尚为师，法名演音，号弘一。

农历七月十三日，入虎跑寺正式出家。农历九月至灵隐寺受戒，受戒后，赴嘉兴精严寺小住，年底应马一浮之召至杭州海潮寺打七。

**1919年（乙未 民国八年）** 四十岁

春，小住杭州艮山门外井亭庵，不久移居玉泉清涟寺。夏居虎跑寺。秋至灵隐寺与弘伞法师共燃臂香，依天亲菩萨《菩提心论》发十大正愿。

**1920年（庚申　民国九年）** 四十一岁

春，居玉泉寺。《印光法师文钞》出版，作《印光法师文钞题辞并序》。

夏，赴浙江新城闭关。中秋后移居浙江衢州莲花寺，手装《佛说大乘戒经》《十善业道经》等，并有题记。校定《菩萨戒本》。

**1921年（辛酉　民国十年）** 四十二岁

正月，自衢州返杭州，居玉泉寺，拔寻《四分律》，始览诸先师之作。早春曾在闸口凤生寺小住，丰子恺游学日本前夕曾前往话别。

春，自杭州赴温州，居庆福寺，撰《谢客启》，掩关治律。夏，所编《四分律比丘戒相表记》初稿完成。

**1922年（壬戌　民国十一年）** 四十三岁

正月初三日，在家妻俞氏病故，俗家仲兄文熙来信嘱返津，因故未能成行。仍居庆福寺。

**1923年（癸亥　民国十二年）** 四十四岁

春，至上海，与尤惜阴居士合撰《印造佛像之功德》。曾居太平寺，题北魏昙鸾《往生论注》，并录印光大师法语于卷端。

夏，为杭州西泠印社书《阿弥陀经》一卷，该社将其刻于石幢。夏赴杭州灵隐寺听慧明大师讲《楞严经》。

**1924年（甲子 民国十三年）** 四十五岁

春，由衢州莲华寺移居三藏寺。不久，取道松阳、青田抵温州。夏，在温州整理《四分律》，曾手书《四分律比丘戒相表记》并定稿。

**1925年（乙丑 民国十四年）** 四十六岁

春，至宁波，挂搭七塔寺。应夏丏尊之请至上虞白马湖小住，不久返温州。

**1926年（丙寅 民国十五年）** 四十七岁

春，抵杭州，寓招贤寺。夏丏尊、丰子恺曾自沪至杭专程拜访。夏初，与弘伞法师同赴庐山参加金光明法会。路经上海时曾与丰子恺等访城南草堂等处，冬初，由庐山返杭州，经上海，在丰子恺家小住，后返杭州。在庐山时，写《华严经十回向品·初回向章》，太虚大师推为近数十年来僧人写经之冠。

**1927年（丁卯 民国十六年）** 四十八岁

春，闭关杭州云居山常寂光寺。社会上有毁佛之议，大师为护法，提前出关，致函蔡元培、经亨颐等旧友，力陈整顿佛教之意见。召见部分青年，竭力开导。秋，至上海，居江湾丰子恺家，主持丰子恺皈依三宝仪式。其间与丰子恺商定编绘《护生画集》计划。是年春，丰子恺等编《中文歌曲五十曲》出版，内收大师在俗时歌曲13首。

**1928年（戊辰 民国十七年）** 四十九岁

春夏之间，在温州。秋，至上海，与丰子恺、李圆净具体商量编《护生画集》。冬，刘质平、夏丏尊、丰子恺、经亨颐等共同集资，发起在白马湖筑屋，供大师居住。冬赴闽南。

**1929年（己巳 民国十八年）** 五十岁

正月，自南安小雪峰至厦门南普陀寺，居闽南佛学院，参与整顿学院教育。春，返温州，秋，在白马湖“晚晴山房”小住，冬月，重至厦门、南安，与太虚大师在小雪峰度岁，并合作《三宝歌》。

是年2月，《护生画集》由上海开明书店出版。50幅由丰子恺所绘的护生画皆由大师配诗并题写。

是年，夏丏尊以所藏大师在俗时所临各种碑帖出版，名《李息翁临古法书》（上海开明书店）。

**1930年（庚午 民国十九年）** 五十一岁

正月，自小雪峰至泉州承天寺。此时性愿法师创办月台佛学社，大师曾为学僧讲课，并为承天寺整理所藏古版藏经。赴温州，后至白马湖。秋，赴慈溪金仙寺讲律。冬月，赴温州庆福寺。时人称大师孤云野鹤，弘法四方。

**1931年（辛未 民国二十年）** 五十二岁

春，自温州过宁波，旋赴白马湖横塘镇法界寺。发愿弃舍有部律，专学南山，从此由新律家变为旧律家。夏，亦幻法师发起创办“南山律学院”，请大师主持于五磊寺，后因与寺主意见未洽，遂离去。秋，广洽法师函邀大师赴厦门。在金仙寺作《清凉歌》。

**1932年（壬申 民国二十一年）** 五十三岁

是年在镇海龙山伏龙寺为刘质平作书法，平湖李叔同纪念馆所藏《佛说阿弥陀经》十六条屏即当时所作。年底抵厦门，住山边岩（即万寿岩）。讲《人生之最后》于妙释寺。

**1933年（癸酉 民国二十二年）** 五十四岁

是年在妙释寺讲《改过经验谈》，在万寿岩讲《随机羯磨》，重编藕益大师警训为《寒笳集》。在开元寺圈点《南山钞记》，在承天寺讲《常随佛学》。

**1934年（甲戌 民国二十三年）** 五十五岁

元旦，在泉州草庵讲《含注戒本》。正月廿一日讲《祭颛愚大师爪发衣钵塔文》《德林座右铭》。此年撰述丰厚，计有《记厦门贫儿舍资请宋藏事》《地藏菩萨本愿经说要序》《随机羯磨疏跋》《四分律随机羯磨题记》《一梦漫言跋》《庄闲女士手书〈法华经序〉》《见月律师年谱摭要并跋》《一梦漫言序》《缁门崇行录选录序》等。

春，应南普陀寺住持常惺、退居会泉二法师之请，整顿闽南佛学院。见学僧纪律松弛，认定机缘未熟，倡办佛教养正院。

**1935年（乙亥 民国二十四年）** 五十六岁

正月在万寿岩撰《净宗问辨》。后至泉州开元寺讲《一梦漫言》。初夏抵净峰寺。年底应泉州承天寺之请，于戒期中讲《律学要略》。

**1936年（丙子 民国二十五年）** 五十七岁

元旦，卧病草庵。春，因患臂疮自草庵至厦门就诊，数月方愈。夏，居鼓浪屿日光岩。年末移居南普陀寺。

是年正月佛教养正院开学，抱病讲《青年佛徒应注意的四项》。春，手书《乙亥惠安弘法日记》《壬丙南闽弘法略志》等。《清凉歌集》由上海开明书店出版。

**1937年（丁丑 民国二十六年）** 五十八岁

春，在佛教养正院讲《南闽十年之梦影》。为厦门市第一届运动会作会歌。5月赴青岛湛山寺讲律。10月返厦门。岁末，赴泉州草庵。

**1938年（戊寅 民国二十七年）** 五十九岁

先后在草庵、泉州、惠安及厦门等地讲经。

5月4日，即厦门陷落前数日，离开厦门至漳州南山寺。冬初，至泉州承天寺，后移居温陵养老院。

**1939年（己卯 民国二十八年）** 六十岁

4月入蓬壶毗峰普济寺闭门静修。著《南山律在家备览略篇》等。

9月，澳门《觉音》月刊和上海《佛学》半月刊均出版“弘一法师六秩纪念专刊”。

秋末，为《续护生画集》题字并作跋。

**1940年（庚辰 民国二十九年）** 六十一岁

春，闭关永春蓬山，谢绝一切往来，专事著述。秋，应请赴南安灵应寺弘法。

**1941年（辛巳 民国三十年）** 六十二岁

夏，离灵应寺赴晋江福林寺结夏安居，并讲《律钞宗要》，编《律钞宗要随讲别录》。冬，入泉州百原寺小住，后移居开元寺。岁末返福林寺度岁。

**1942年（壬午 民国三十一年）** 六十三岁

3月赴灵瑞山、泉州等地讲经。后居温陵养老院。9月1日，温陵养老院将过化亭作为戒坛，大师教演出家剃度仪式。

10月2日下午身体发热，渐示微疾。10月7日唤妙莲法师写遗嘱。

10月10日下午写下绝笔“悲欣交集”四字交妙莲法师。13日晚7时45分呼吸少促，8时安详西逝，圆寂于温陵养老院。

小馬过河

有 态 度 的 阅 读

微　博 小马BOOK
公众号 小马文艺
小红书 小马book

抖音 小马文化
淘宝 小马过河图书自营店
微店 小马过河图书自营店

全案营销 小马青橙工作室

投稿邮箱 xiaomatougao@163.com

**图书在版编目（CIP）数据**

弘一大师自述 / 李叔同著 . -- 北京 : 华龄出版社 , 2023.11

ISBN 978-7-5169-2634-5

Ⅰ . ①弘… Ⅱ . ①李… Ⅲ . ①李叔同（1880–1942）—自传 Ⅳ . ① B949.92

中国国家版本馆 CIP 数据核字 (2023) 第 207476 号

**弘一大师自述**

作　　者　李叔同
出版策划　冀　晖
责任编辑　梁玉刚
责任印制　李未圻
策划监制　小马 BOOK
内文制作　赵廷宏

出版发行　华龄出版社 HUALING PRESS
社址　北京市东城区安定门外大街甲 57 号
邮编　100011
发行　010–58122255
传真　010–84049572
承印　定州启航印刷有限公司
版次　2024 年 1 月第 1 版
印次　2024 年 1 月第 1 次印刷
规格　787mm × 1092mm
开本　1/32
印张　12.25
字数　184 千字
书号　ISBN 978-7-5169-2634-5
定价　58.00 元

**版权所有　翻印必究**

本书如有破损、缺页、装订错误，请与本社联系调换